EDITORIAL

Há setenta anos morria, ao suicidar-se, uma das personalidades mais polêmicas de todos os tempos, Adolf Hitler. Criança problema, rebelde inconformado na juventude, desertor das Forças Armadas da Áustria, condecorado pelo exército alemão, esse simples cabo que chegou a mendigar por recusar-se a trabalhar incendiou o mundo, deflagrando um dos piores conflitos que a humanidade já viveu. Da infância ao suicídio, abordando os mitos, lendas e curiosidades sobre o Führer, este guia traz a trajetória deste gênio do mal para que você possa tirar suas próprias conclusões.

Boa leitura!

Claudio Blanc

SUMÁRIO

1ª PARTE – O REBELDE

2ª PARTE – O FÜHRER

3ª PARTE – MENTE DO MAL

4ª PARTE – LENDAS

Por Claudio Blanc

O CONTURBADO COMEÇO do século 20

Numa Europa em crise, em meio a diversos conflitos, Adolf Hitler nasceu e cresceu

Talvez não seja exagero dizer que as duas guerras mundiais que varreram a Europa no século passado começaram mais de cem anos antes. Naquele continente, todo o século 19 foi marcado por conflitos que desenhavam a nova distribuição do poder. Movimentos políticos e sociais foram deflagrados pela Revolução Francesa e, numa corrente de eventos, só se estabilizariam, crise após crise, depois da Segunda Guerra Mundial.

No começo do século passado, a crise na Europa Central foi detonada pela decadência do Império Austríaco, que acabou fazendo explodir a pior guerra que, até então, a humanidade já presenciara. Em meio à crise austríaca, foi gestado um personagem que levaria a Europa mais uma vez à guerra, e que influenciaria uma das civilizações mais criativas que a humanidade já conheceu – a germânica – a cometer atrocidades inimagináveis, até mesmo pelas sociedades mais primitivas. Esse homem, Adolf Hitler, nutria profundo descontentamento pela situação política do seu país – como muitos outros austríacos – e responsabilizava o imperador Francisco José, da Casa de Habsburgo, pelos problemas da Áustria.

Originária da Suíça, a dinastia Habsburgo estava no trono austríaco desde 1279, onde havia se mantido habilmente através de, principalmente, uniões matrimoniais com as famílias mais poderosas da Europa. No século 19, os Habsburgo tinham feito da Áustria o segundo maior Estado europeu, menor apenas que a Rússia. A partir de 1848, porém, as coisas começaram a mudar. Naquele ano, no qual Karl Marx e Friedrich Engels publicaram O Manifesto Comunista, revoluções contra os regimes monárquicos se ergueram em todo o continente. O Império Austríaco também foi contagiado e afetado. Klemens Metternich (1773 – 1859), ministro das Relações Exteriores e depois chanceler dos Habsburgo, peça-chave na manutenção do equilíbrio do poder em toda a Europa e da supremacia austríaca na Itália, foi afastado. Repressor do liberalismo, viu-se obrigado a fugir para a Inglaterra, enquanto o imperador continuou a combater os rebeldes até 1851.

Em 1856 e 57, Francisco José e sua esposa Elizabete, apelidada Sissi, visitaram a Lombardia, a região de Veneza e a Hungria em "viagens de reconciliação", após o Império

Nos **primeiros** anos do século 20, uma **acirrada** disputa por questões territoriais entre o **Império** Austro-Húngaro e a Rússia **acabou** se **tornando** tão ácida que veio a **envolver** a Alemanha, a França, a Grã-Bretanha e o **Império Otomano**, arrastando o **mundo** para **uma** guerra **mundial**. Foi nesse ambiente, em que as **questões** políticas **inflamavam** o ar, **alimentadas** pelo combustível do **preconceito** racial, que Adolf Hitler foi **criado**

ter conseguido abafar diversas revoluções na Península Itálica. A pedido de Sissi, Francisco concedeu ampla anistia aos nobres revoltosos, e isso fez que ela se tornasse bastante popular entre seus súditos. No ano seguinte, no entanto, a Áustria perdeu a Lombardia. Foi a primeira de uma sucessão de derrotas. Em 1866, Bismark venceu a Áustria na Guerra dos Sete Dias, acabando com o domínio austríaco sobre a Confederação Germânica, uma aliança para a defesa mútua entre 39 Estados alemães, formada em 1815, depois do susto dado por Napoleão em toda a Europa, possibilitando a fundação do Primeiro Reich. Entre as outras perdas dos Habsburgo, a sofisticada Veneza foi para a Itália. Em 1867, cedendo às pressões (e novamente influenciado pela esposa), Francisco José elevou a Hungria à condição de reino, criando o Império Austro-Húngaro. A decisão abalou o prestígio do imperador, pois os súditos austríacos ficaram profundamente insatisfeitos.

Num império formado por diferentes povos – germânicos, eslavos, italianos, judeus e outros –, os austríacos sentiam-se superiores. Mas, naquele momento, os húngaros haviam conquistado um status equivalente ao deles. Logo, os demais Estados que formavam o Império fariam o mesmo. O ressentimento se infiltrava nos austríacos médios, fermentando uma intolerância cada vez maior – principalmente contra os judeus e os eslavos. Mas a Áustria-Hungria não tinha apenas problemas internos. No âmbito internacional, as coisas também não iam bem. Nos primeiros anos do século 20, uma acirrada disputa por questões territoriais entre o Império Austro-Húngaro e a Rússia acabou se tornando tão ácida que veio a envolver a Alemanha, a França, a Grã-Bretanha e o Império Otomano, arrastando o mundo para uma guerra mundial. Foi nesse ambiente, em que as questões políticas inflamavam o ar, alimentadas pelo combustível do preconceito racial, que Adolf Hitler foi criado.

SISSI, A IMPERATRIZ

Apesar da decadência do Império, a corte austríaca preservava uma imagem diferente. O luxo e a riqueza da vida palaciana dos Habsburgo eram embalados, entre outras, pela valsa O Danúbio Azul, de Johann Strauss. Elizabete da Áustria (1837 – 1898), ou Sissi, a "imperatriz do povo", vivia sua lenda de linda princesa perseguida pela rainha má, no caso a Arquiduquesa Sofia. A mãe do imperador tentava controlar o filho, mas tinha na imperatriz um obstáculo, já que Elizabete trazia o marido na palma da mão. Anoréxica, excêntrica, fanática por esportes – tinha uma sala de ginástica em seus aposentos, num tempo em que só os homens se exercitavam –, Sissi não era bem-vista pela nobreza. Mas as fofocas do palácio apenas desviavam a atenção do povo dos movimentos políticos, que escreviam a nova ordem social e política da Europa. Enquanto Francisco José se desdobrava para manter a importante posição da Áustria, a pompa da corte, os belos edifícios de Viena, a valsa e o brilho popular de Sissi iluminavam a fachada de um império que ruía frente às movimentações que abalavam a Europa Central.

AFP

Por Claudio Blanc

DE VIENA PARA MUNIQUE

Com seu sonho artístico desfeito, Adolf formou, ainda na juventude, a ideologia nazista

Um homem intransigente que se julga predestinado. Um império que perdeu a identidade. Um país em colapso. Esses elementos seriam inflamáveis o bastante para incendiar o mundo? No caso de Adolf Hitler, a resposta é sim. A pergunta que sempre paira sobre os personagens históricos cabe como uma luva para ele: é a História que faz o líder? Ou, inversamente, é o líder que faz a História? Na verdade, a História corrobora para o surgimento de um líder, que, por sua vez, acaba por moldá-la. Ele sempre reflete as vicissitudes do momento e incorpora os anseios das pessoas do seu tempo e lugar. Assume a voz das multidões e as conduz pelas trilhas dos fatos.

Se não tivesse existido um Hitler, será que a Alemanha, humilhada após a Primeira Guerra, se levantaria contra o resto da Europa? Provavelmente, sim. Mas o conflito talvez possuísse um rosto diferente. Se seria menos brutal ou menos fanático, nunca saberemos. Afinal, o povo alemão estava ao lado de Hitler, e o Führer deu voz às muitas tendências, às crenças e aos pensamentos que grassavam na Alemanha depois da Primeira Guerra.

Hitler é mais uma criação da História do que uma auto-invenção. Ele refletiu como ninguém o desejo de um país rico e glorioso atolado numa situação de humilhação e menos-valia. Como o próprio Winston Churchill – provavelmente o mais implacável inimigo de Adolf Hitler – afirmou, foi a "insensatez dos vencedores" da Primeira Guerra que causou a sede de vingança e de justiça de todo o povo alemão. E, para comandá-lo, ninguém melhor que um fanático cheio de vingança, um semilouco repleto de som e de fúria capaz de lançar mão dos mais impensáveis meios para levar seu povo à sonhada vitória. Mas o sonho de Hitler acabou se transformando no pesadelo da Alemanha – e do mundo.

MÃE PROTETORA, PAI RÍGIDO

Adolf Hitler nasceu no pequeno povoado austríaco de Braunau am inn, na fronteira com a Alemanha, em 20 de abril de 1889. Naquela época, o Império Austro-Húngaro se esfacelava, e Adolf iria crescer vendo a glória de seu país ruir diante de seus olhos. Ele foi o sexto filho de Klara e de Alois Hitler, mas o terceiro vivo, uma vez que três dos seus irmãos tinham morrido antes de completar dois anos. Alois, o pai, era um funcionário da alfândega e estava sempre ausente. Mesmo assim, talvez para afirmar sua autoridade, era extremamente severo com os filhos, especialmente com o pequeno Adolf. Mas a atenção especial ao filho era manifestada na forma de tremendas surras.

Para compensar, Klara, traumatizada pela perda dos três rebentos anteriores, mimava seu caçula como se fosse a última criança do mundo. Dessa forma, a infância de Hitler se alternou entre as surras dadas pelo pai – por conta dos motivos mais ínfimos – e as adulações desmedidas da mãe. Esse tratamento ganhou uma dimensão extrema quando Hitler tinha 13 anos. A morte

Divulgação

A **infância** de Hitler se **alternou** entre as **surras** dadas pelo **pai** e as **adulações** desmedidas da **mãe**. Esse **tratamento** ambíguo acabou **gerando** seqüelas no **caráter** de **Adolf**, que **chegou** à adolescência **desconfiando** das **pessoas** ao seu **redor**, com **poucos** amigos, **afundado** em **fantasias**, afastado da realidade, **extremamente** **frio**, dado a **ataques** de fúria e inquebrantavelmente **convicto** de suas **ações**

de seu irmão Edmond, o único menino além de Adolf, caiu como um raio sobre a família. Era o quarto filho que a arrasada Klara perdia. A tristeza da mulher buscou consolo em Adolf, muito mais do que na outra filha sobrevivente, Paula. E, se antes Klara já exagerava na licenciosidade que concedia ao caçula, agora, mais que nunca, ele podia tudo. A mesma coisa aconteceu com Alois, mas conforme sua versão pessoal.

Embora tivesse mais dois filhos do casamento anterior, Alois e Ângela, Adolf era o último herdeiro homem da sua união com Klara. Com a intenção de fazer que o pequeno atendesse às suas expectativas, Alois também dedicou mais atenção a Adolf. Só que, no seu caso, isso significava aumentar a dose de rigor – com suas consequentes surras. É claro que esse tratamento ambíguo acabou gerando seqüelas no caráter de Adolf. Ele chegou à adolescência desconfiado das pessoas ao seu redor, com poucos amigos, afundado em fantasias, afastado da realidade, extremamente frio, dado a ataques de fúria e inquebrantavelmente convicto de suas ações.

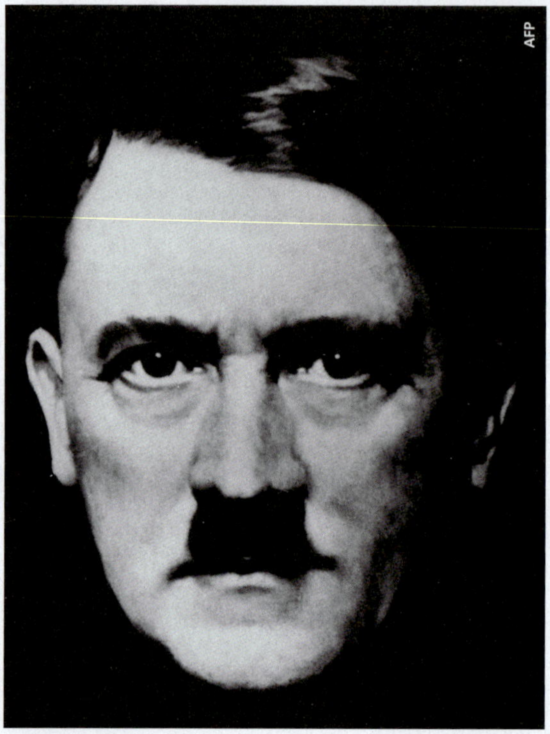
AFP

A família se mudou para Linz, local que o futuro Führer considerava sua verdadeira cidade-natal, mas a relação de Adolf com Alois continuava péssima. O jovem tinha inclinações artísticas, mas seu pai acabou matriculando-o num colégio orientado para a formação técnica, o Realschule. E, já aqui, Adolf começou a dar mostras da personalidade que abriria tantas feridas entre os povos europeus. Contrariado com a decisão de Alois, o garoto não frequentava as aulas e, quando o fazia, respondia aos professores, dizendo que eles não tinham nada útil para lhe ensinar. Sua relação com os colegas não era melhor. Acreditando numa suposta superioridade perante os outros, desdenhava dos alunos.

Em sua monumental biografia de Hitler, Sir Ian Kershaw cita uma descrição do menino Adolf feita nessa época por um professor do futuro idealizador do nazismo, Eduard Huemer: "era um garoto magro e pálido que não fazia pleno uso de seu talento, que carecia de atenção e que era incapaz de se adaptar à disciplina escolar". Huemer não parou por aí. Segundo ele, o jovem Hitler era "obstinado, prepotente, dogmático e fervoroso", e recebia as críticas dos professores "com uma insolência mal-dissimulada".

Uma fotografia da época confirma as palavras do professor. Entre os 47 meninos que aparecem na foto cercando o mestre, Adolf está na posição central da fileira mais elevada – destacando-se entre todos. Como se isso ainda não fosse o bastante para enfatizar por si só sua posição de líder, a arrogância na expressão do rapaz esmaga qualquer margem de dúvida. Essa fotografia não apenas é um registro do espírito de liderança inabalável de Hitler já naquela época, como acaba adquirindo ares proféticos. É, de fato, o rosto de um menino que, quando adulto, seria capaz de abrir à força o seu caminho.

O impasse com o pai, que já havia chegado ao ódio, acabou se resolvendo com a morte de Alois, em 1903. Longe de lamentar a perda, Adolf a considerou um ganho. Em 1905, aos 16 anos, abandonou os estudos técnicos. Para manipular a mãe, fingiu-se de doente durante uma longa temporada, conseguindo, com isso, sair da escola. O passo seguinte era convencer Klara a incentivar sua vocação artística.

SONHO FRUSTRADO

Adolf queria entrar na Academia de Belas Artes de Viena. A mãe cedeu de imediato, mas ele tirou dois anos de "férias" antes de prestar os exames. Foi uma época de sonhos com a glória artística. Hitler foi, realmente, algumas vezes para Viena, mas para explorar a cidade. Nessas ocasiões, visitou museus, frequentou teatros e, principalmente, descobriu a ópera. Foi quando se identificou tremendamente com a obra de Richard Wagner, cheia de ecos das crenças e dos valores germânicos.

Foi lá, também, que Adolf começou a tecer suas convicções políticas. Ele não defendia a continuidade do Império Austríaco – aquela colcha de retalhos étnica da qual os germânicos eram somente uma parte. Ao contrário, apoiava apaixonadamente o nacionalismo pangermanista de Ritter von Schönerer. Esse teó-rico – que contribuiu bastante para a disseminação do antissemitismo que marcou a política centro-europeia até o final da Segunda Guerra – se opunha ao Estado austríaco e era a favor da união dos povos de origem germânica. Schönerer defendia a fusão da Áustria à Alemanha – exatamente o que Hitler fez em 12 de março de 1938 – e influenciou o futuro Führer além do âmbito das ideias. Político respeitado em Viena, seus partidários o saudavam com o braço levantado e o chamavam de Führer, isto é, "líder".

Finalmente, em 1907, Adolf resolveu prestar o exame de admissão à Academia de Belas Artes de Viena. Sem ter se preparado de forma alguma para a prova, Adolf se apresentou para fazer o exame munido apenas do seu pedantismo e da sua arrogância. Tinha certeza absoluta de que passaria. A reprovação não era uma possibilidade. Mas foi o que aconteceu. Adolf ficou devastado. Estava certo, porém, de que o fracasso não era seu, e, sim, culpa dos examinadores (entre os quais havia alguns judeus), incapazes de reconhecer seu talento. Para piorar ainda mais as coisas, a doença de Klara havia se agravado.

Duplamente frustrado, Adolf voltou de Viena e se pôs ao lado da mãe, cuidando dela com uma dedicação verdadeiramente filial. Ela era a única criatura a quem o frio Adolf dedicava afeto. Em sua biografia, Sir Ian Kershaw afirma que "tanto a irmã Paula como o doutor Bloch (o médico que tratou de Klara) testemunharam a entrega (de Hitler) devotada e infatigável ao cuidado de sua mãe agonizante". A dedicação não evitou, porém, a morte de Klara, no final de 1907. Foi outro golpe profundo no jovem. O médico, Bloch, registrou "nunca ter visto ninguém tão prostrado pela dor quanto Adolf Hitler".

> **o tempo** em que Adolf Hitler subsistiu em **Viena,** vivendo **numa** condição **próxima** da **indigência,** foi **fundamental** para a consolidação do **conceito** do **nazismo.** Na capital do **Império** Austro-Húngaro, uma cidade **multirracial,** cuja população de **judeus** chegava a 10%, e onde a **opulenta** aristocracia **convivia** com os mais **esquálidos** mendigos, **Hitler** começou a **misturar** a argamassa **de** sua **ideologia** e a **nutrir** o antissemitismo, que tanto **marcou** seu reich de **terror**

FUNDO DO POÇO

O mundo do futuro Führer tinha desmoronado. Para tentar reconstruí-lo, em 1908, se empenhou mais uma vez em entrar na Academia de Belas Artes de Viena. Novamente, foi reprovado. Essa terceira frustração acabou fazendo que ele se isolasse cada vez mais. Decidiu, então, permanecer em Viena, subsistindo com uma magérrima pensão para órfãos concedida pelo Estado, e mais um pouco de dinheiro que uma tia havia lhe dado. Adolf quase não trabalhava. Vez ou outra fazia bicos e ganhava algum dinheiro pintando paredes.

Um companheiro seu de Linz, um estudante de música chamado Kubizek que conviveu com Hitler nesse período, o descreveu como um jovem "dedicado ao ócio, preocupado apenas com as reformas sociais dos bairros pobres, idealizando alternativas políticas que amenizassem a precária situação em que o país se encontrava". Segundo Kubizek, Hitler lia muito nessa época, e ia quase todo dia à ópera, assistir ao seu autor favorito, Richard Wagner. Mas não estava bem: "cada vez mais perdido, cada vez mais enraivecido com o mundo", afirmou seu conterrâneo.

Esse tempo em que Adolf Hitler subsistiu em Viena, vivendo, entre 1909 e 1913, numa condição próxima da indigência, foi fundamental para a consolidação do conceito do nazismo. Na capital do Império Austro-Húngaro, uma cidade multirracial, cuja população de judeus chegava a 10%, e onde uma opulenta aristocracia convivia com os mais esquálidos mendigos, Hitler começou a misturar a argamassa de sua ideologia e a nutrir o antissemitismo, que tanto marcou seu 'reich' de terror.

O antissemitismo era um sentimento cultivado e disseminado na Europa Central. O próprio prefeito de Viena, Karl Lueger, um político que Hitler idolatrava e de quem buscou copiar a eloquência nos discursos, declarava publicamente seu ódio pelos judeus. Numa de suas prelações, Lueger afirmou que "faria um serviço ao mundo colocando os judeus em um grande barco e afundando-o em alto-mar". De fato, os judeus, que nunca se integraram realmente ao país para onde imigraram – qualquer que fosse este –, permanecendo fiéis aos seus costumes e à sua comunidade e com fama de tramar para controlar o mundo, eram vistos como os culpados pela crise do império Habsburgo.

Em 1913, o dinheiro da herança de Klara foi liberado para Hitler, que aproveitou a chance para se mudar para Munique. Na verdade, ele foi para a Alemanha para fugir do serviço militar austríaco, pois não se dignaria a servir sob os Habsburgo que tanto o desagradavam. O dinheiro da herança era pouco, e Adolf teve de usá-lo com parcimônia para não cair na condição de indigência dos anos anteriores.

A capital da Baviera era, na época, uma cidade que pulsava arte e cultura, cheia de artistas que saíam de várias partes da Europa para ali expressar seu talento. Hitler passava os dias nos cafés e nas cervejarias, lendo jornais que confirmavam suas posições extremistas. E assim ele passou o ano de 1913 e a maior parte de 1914: vagabundeando de café em bar, esmagado pelo peso do fracasso dos seus sonhos artísticos e pelo medo de ser encontrado pelas autoridades de seu país. Isso, porém, veio finalmente a mudar no início de agosto de 1914, quando a Alemanha declarou guerra à Rússia e à França. O conflito iria causar uma guinada inesperada daquele quase indigente, desertor do exército austríaco. Estava para começar o período que Hitler descreveu em sua autobiografia Mein Kampf (Minha Luta) como "o mais excelente e inesquecível de toda a minha, como a de todo alemão, existência terrena".

MUNIQUE E A PRIMEIRA GUERRA

A participação de Adolf Hitler na Primeira Guerra Mundial foi o começo de sua convicção doentia de que os judeus seriam os grandes "traidores" da nação alemã

Ilustração: Fábio Matos

Por Lucas Pires

A estadia de Hitler em Viena acabou em maio de 1912, quando ele se mudou para Munique, a metrópole das artes alemã. Há dois motivos de sua partida: o ainda sonho de ser artista e a fuga do alistamento militar. Como o montante de desempregados e desocupados em Viena era enorme naquela época, o governo austríaco resolveu garimpar os pendentes com o serviço militar, e Hitler era um dos que não havia se alistado. Com a polícia em seu encalço, foi para a Alemanha a fim de evitar servir um governo que odiava. Em "Minha Luta", ele escreveu que foi atraído para Munique porque era uma cidade alemã, livre da mistura de raças que ele havia presenciado em Viena, e que contava com uma vida artística agitada. De fato, Hitler considerou o período em que viveu em Munique, até estourar a guerra, o mais feliz de sua vida.

Mas nem mesmo a fuga foi capaz de evitar a polícia austríaca. Oito meses depois de sair de Viena, Adolf foi localizado e preso como desertor. Em vez de ser enviado a Linz, acabou levado para Salzburgo, onde foi examinado e liberado do serviço militar por ser considerado inapto para atividades militares. Devido à vida penosa dos últimos anos, seu físico não era avantajado nem forte e, por isso, concluíram que ele era fraco demais para carregar armamentos pesados. Assim, Hitler voltou para Munique livre de qualquer pendência com o Império Austro-Húngaro.

Desse evento até o início da Primeira Guerra Mundial, passou-se menos de um ano, período em que ele viveu de quadros vendidos nas ruas e de pequenos biscates. A rotina de quartos de pensão sujos e baratos era compensada pela leitura de jornais antissemitas, livros sobre política e panfletos que falavam da conspiração judaica contra o mundo. Um deles, o mais famoso até hoje, "Os Protocolos dos Sábios de Sião", parece ter sido seu companheiro de cabeceira.

Hitler viveu assim até que chegou a notícia de que o arquiduque Francisco Ferdinando, herdeiro do Império Austro-Húngaro, tinha sido assassinado por terroristas sérvios em Sarajevo. Em julho de 1914, o Império declarava guerra à Sérvia. Era o início da Primeira Guerra Mundial.

PARTICIPAÇÃO NA PRIMEIRA GUERRA

Os europeus já esperavam por uma guerra, mas os alemães a desejavam, tanto que Hitler e toda uma multidão vibraram entusiasmados na Praça Odeon, em Munique, quando a Alemanha declarou guerra à França. A nação germânica uniu-se aos austríacos contra a Sérvia, que teve ao seu lado a Rússia e a Europa Ocidental. Logo o incidente original – Sérvia versus Império Austro-Húngaro – ficou em segundo plano. A luta era por território entre um poder imperial alemão e o resto da Europa.

A possibilidade de fazer parte de um momento histórico alemão e, mais ainda, de uma conquista grandiosa como a que pretendia a Alemanha fez com que Hitler logo se apresentasse como voluntário. Pela Áustria, ele fora dispensado e nem tomaria a iniciativa de lutar por um governo que o causava oje-riza, mas, pelo país alemão, pela glória da pátria que ainda não era

Logo após ter feito seu requerimento para ser soldado, Hitler foi aceito e incorporado ao 16º Regimento de Infantaria da Reserva da Baviera. Alguns meses depois, partiu junto a seus companheiros para o front ocidental

sua (pois ainda não era um cidadão alemão), ele estava disposto a dar a vida se necessário. "Começou então para mim, como provavelmente para todos os outros alemães, a mais inesquecível e a maior época da minha vida. Com orgulho e saudade, recordo-me das primeiras semanas daquela luta heróica do nosso povo, na qual graças à benevolência do destino, me foi dado tomar parte", escreveu Hitler sobre esse momento.

Logo depois de ter feito o requerimento para ser soldado, Adolf Hitler foi aceito e incorporado ao 16o Regimento de Infantaria da Reserva da Baviera. Alguns meses depois, partiu junto a seus companheiros para o front ocidental e lutou em diversas batalhas, como o desastre de Ypres (quando, de 3.500 soldados, apenas 600 sobreviveram) e as batalhas em Tourcoing e em Neuve Chapelle. Foi tido como soldado valente e esforçado, chegando a ser promovido a cabo. Mas daí não passou devido à sua condição de austríaco (ou seja, não-alemão) e por diversos ferimentos que havia sofrido. Em 1916, no dia 7 de outubro, Adolf foi ferido na perna e ficou na reserva por alguns meses até que voltou à frente de batalha no ano seguinte. Trabalhando como mensageiro, isto é, levando e trazendo mensagens entre os diversos centros de batalha, Hitler esteve sempre exposto ao ataque inimigo, mas nunca deixou de cumprir seu dever, até mesmo salvando diversos companheiros que encontrava pelo caminho. Em 14 de outubro de 1918, em uma de suas incursões, ele foi atingido por bombas de gás mostarda inglesas que o deixaram cego temporariamente. Sofreu um colapso e acabou internado no hospital militar de Pasewalk, de onde ouviu a informação, em 11 de novembro, de que a grande nação alemã perdera a guerra e se rendera.

O COMEÇO DO ÓDIO

Em 1918, Hitler recebeu por duas vezes a Cruz de Ferro, uma condecoração de reconhecimento pelos valores em guerra. Mas seu esforço pessoal não se refletiu em avanço alemão. Quando estava na reserva no hospital próximo a Berlim, Adolf ficou cada vez mais convencido de que teria havido um boicote judeu comunista dentro da própria Alemanha. Ele chamou isso de propaganda inimiga, desencadeada pela Imprensa semita que propagava um fim trágico à Alemanha e a culpa do Kaiser. Desenvolveu maior ódio aos judeus por crer que eles, dentro do esforço de guerra alemão, foram, aos poucos, tomando conta de toda a produção e de todos os negócios do país. Isso foi interpretado

Soldados franceses decarregando caminhões perto do campo de batalha de Verdun, no leste da França, em 1916

Hitler acreditava que os **judeus**, dentro do esforço de guerra **alemão**, teriam, aos poucos, tomado conta de toda a produção e de todos os **negócios** do país. Isso foi interpretado como traição por ele quando **400 mil trabalhadores berlinenses** entraram em **greve** pedindo o fim do **conflito**

como traição por Hitler quando 400 mil trabalhadores berlinenses entraram em greve pedindo o fim do conflito.

Os tratados de paz entre os países aconteceram ao longo de todo o ano de 1919, mas o mais importante foi o assinado no dia 28 de junho: o Tratado de Versalhes, acordo que foi fechado entre as potências ocidentais vitoriosas no conflito, França e Grã-Bretanha, com respaldo dos Estados Unidos, que logo saiu de cena. À Alemanha foram impostas punições que, sem dúvida, seriam o motivo latente da Segunda Guerra Mundial. Sob o argumento de que aquela nação era a única responsável pela eclosão da guerra, as maiores limitações recaíram à Alemanha, para não permitir que o país crescesse e se tornasse novamente forte. A nação alemã estava privada de manter marinha e força aérea efetivas; teria o exército limitado ao máximo de 100 mil homens; teria parte de seu território ocupado militarmente; e veria a extinção dos direitos sobre suas até então colônias ultramarinas, que ficariam sob os domínios britânico, francês e japonês. Além disso, a Alemanha perdeu territórios, como parte da região leste (que ficou com a Polônia), da Alsácia-Lorena, que voltou para a França, e teve de pagar indenizações de guerra exorbitantes.

Sob instigação do então presidente norte-americano Woodrow Wilson, foi criada a Liga das Nações, com o objetivo de negociar e solucionar pacificamente qualquer conflito que pudesse ocorrer no cenário internacional dali pra frente. Sediada em Genebra, a organização teve participação discreta no decorrer da década de 1920, mas não foi muito eficiente em razão da própria recusa dos Estados Unidos de se juntar à Liga.

No começo de novembro, antes mesmo de ter sido assinada a paz com as potências ocidentais, o estado alemão ficou em convulsão com rebeliões e tentativas de revolta. Diferentes facções políticas disputavam o poder e entre elas havia comunistas que queriam um regime semelhante ao soviético e aqueles que desejavam a manutenção do governo imperial. Mas nenhum deles prevaleceu: Guilherme II, o Kaiser, foi obrigado a renunciar, deixando o cargo de chanceler para Friedrich Ebert. A República foi proclamada e, em janeiro de 1919, um complô comunista foi esmagado, culminando com a morte de dois de seus líderes: Karl Lirbknecht e Rosa Luxemburgo. Berlim estava ainda um caos, com trabalhadores armados pelas ruas, quando mudaram a capital da nova república para Weimar. O exército que sobrou da guerra passou a ser responsável pela contenção de revoltas.

ENCONTRO COM O PARTIDO NAZISTA

Hitler voltou a Munique em março de 1919, depois de ter atuado como guarda em um campo de concentração de presos russos na cidade de Traunstein. Ainda pertencente ao corpo militar, foi designado para a comissão de inquérito do exército para buscar suspeitos de ligação com o comunismo. Fez um curso de instrução política para se tornar oficial instrutor, cuja função era proferir palestras promovendo o nacionalismo e condenando o comunismo. Em seguida, passou a integrar o corpo de espionagem do exército, trabalhando como espião em reuniões de movimentos revolucionários e de esquerda. Muitas das investigações não passavam de reuniões de amigos que se juntavam para beber e desabafar em alguma das várias cervejarias de Munique. No entanto, foi num desses encontros que a vida de Hitler mudou radicalmente, deixando para trás uma vida de soldado para se tornar um carismático político.

As humilhações impostas à Alemanha pelo Tratado de Versalhes marcariam toda a carreira política de Hitler na década de 1920. Seus objetivos, a partir dali, eram reverter o quadro, vingar os traidores da pátria, que deixaram a Alemanha ser derrotada, e recuperar a glória da nação de Bismarck. Essa ideia era demasiadamente forte em Hitler, que se negava a acreditar numa derrota militar alemã sem a cooperação interna de judeus e comunistas, que teriam minado a resistência civil e propagado uma paz que desencadeou na humilhação da nação. Em "Minha Luta", Hitler descreveu um cenário inteiramente favorável à Alemanha no fim da guerra, afirmando que a vitória estaria muito próxima se não fosse a

France Presse

Soldados franceses em trincheira no leste da França

Exército norte-americano sob o comando do general John Pershing

France Presse

atuação interna de judeus, que buscavam domínio sob o capital interno, e dos comunistas. Rapidamente, difundiu-se a teoria da "punhalada nas costas", que nada mais era do que essa ideia fixa de Hitler de que o exército alemão fora derrotado não pelos inimigos de armas, mas pela traição de indivíduos em seu próprio território, isto é, por judeus, socialistas e comunistas. Segundo ele, "a derrota foi o primeiro resultado catastrófico visível, por parte do povo, de um envenenamento moral, que consistia no enfraquecimento do instinto de conservação, resultante da propaganda de doutrinas (oriundas de grupos judaicos e marxistas) que, há muito, vinham minando os fundamentos da nação e do Império".

Em 12 de setembro de 1919, Adolf Hitler fora designado a espionar um grupo que se chamava "Partido dos Trabalhadores Alemães". Era apenas a reunião de alguns homens na cervejaria Sternecker sob a liderança do fundador do partido, Anton Drexler. Hitler descreve que, no encontro, houve um debate livre de ideias e que, como ele não aguentou o discurso de um dos oradores, que pregava a separação da Baviera da Alemanha, pediu a palavra e falou sua opinião sobre um dos temas que mais o fascinava: a união dos povos germânicos (sob essa desculpa Hitler iria anexar a Áustria em 1937 e invadir a Tchecoslováquia no ano seguinte). O homem a quem Hitler se dirigia foi embora antes mesmo que terminasse sua fala.

Adolf Hitler recebeu, no quartel do 2º Regimento de Infantaria, onde dormia num quarto na companhia de **camundongos,** um cartão-postal anunciando que ele fora **aceito** como sócio do Partido dos Trabalhadores Alemães

O futuro Führer foi muito aplaudido e cumprimentado por todos (não mais que 20, 25 pessoas). Uma semana depois disso, Hitler recebeu, no quartel do 2o Regimento de Infantaria, onde dormia num pequeno quarto na companhia de camundongos, um cartão-postal anunciando que ele fora aceito como sócio do Partido dos Trabalhadores Alemães. Na carta, marcavam uma reunião para a ratificação de sócio. Em dúvida quanto a aceitar o convite ou não, Hitler acabou sendo o sétimo sócio do futuro Partido Nazista. "Eu não pensava em entrar para um partido organizado e sim em fundar o meu próprio partido", escreveu ele. De fato, Hitler entrou para um partido organizado, mas logo tratou de transformá-lo em seu partido. Em poucos meses, o partido seria ele.

A GRANDE GUERRA, O INÍCIO DE TUDO

Tudo que o homem já havia enfrentado em termos bélicos e militares, a Primeira Guerra Mundial superou em todos os níveis. Pela primeira vez na história, estourava uma guerra considerada mundial, pois envolvia todas as grandes potências, em especial os Estados europeus, com exceção de Espanha, Países Baixos, Suíça e Escandinávia. O Japão também entrou na guerra, assim como os Estados Unidos e o Canadá. E mais: indianos e africanos foram enviados para combater na Europa.

A novidade dessa guerra não se resume ao fato de ter sido global, mas também por sua crueldade e pelo uso de armamentos dotados de alta tecnologia. Foram utilizados, pela primeira vez, submarinos, armas voltadas para bloquear o abaste-cimento do exército inimigo e matá-lo de fome, aeroplanos e tanques (não muito eficientes, mas aperfeiçoados na Segunda Guerra Mundial). Além das ferrovias surgidas no decorrer do século 19, estradas haviam sido construídas e facilitavam a locomoção de tropas, assim como veículos movidos a gasolina. As armas de infantaria também impressionavam: os britânicos carregavam rifles que podiam atingir um homem a 800 metros de distância, metralhadoras que atiravam 600 tiros por minuto e canhões pesados que chegavam a acertar alvos distantes mais de 10 km. Pela primeira vez na história, uma guerra apresentou mais mortos decorrentes da ação do inimigo do que por doenças. Nos quatro anos que durou a guerra, cerca de 5 mil homens morreram diariamente.

Mas o maior pesadelo estava nas trincheiras, na frente ocidental. Eram buracos cavados no chão protegidos por sacos de areia em que homens se movimentavam enfrentando fome, frio, chuvas, doenças e o medo da morte a qualquer momento. Frente a frente com o inimigo, sair da trincheira era morte certa. As tentativas de tomada de posição adversária foram quase sempre massacres, como o de Verdun, em 1916, quando uma ofensiva alemã que envolveu 2 milhões de soldados acabou perdendo metade deles. O historiador inglês Eric Hobsbawm, maior autoridade do século 20 viva, em seu livro "Era dos Extremos: O Breve Século XX", descreve como se deu a guerra de trincheiras: "Milhões de homens ficavam uns diante dos ou-tros nos parapeitos de trincheiras barricadas com sacos de areia, sob as quais viviam como – e com – ratos e piolhos. De vez em quando, seus generais procuravam romper o impasse. Dias e mesmo semanas de incessante bombardeio de artilharia 'amaciavam' o inimigo e o mandavam para baixo da terra, até que no momento certo levas de homens saíam por cima do parapeito, geralmente protegido por rolos e teias de arame farpado, para a "terra de ninguém", um caos de crateras de granadas inundadas de água, tocos de árvores calcinadas, lama e cadáveres abandonados, e avançavam sobre as metralhadoras, que os ceifavam, como eles sabiam que aconteceria".

Ilustração: Fábio Matos

Hitler queria recuperar a glória da nação de Bismarck

A ALEMANHA APÓS A PRIMEIRA Guerra

Destruído e pobre, o país não encontrou outra saída além de um novo embate militar

Por Claudio Blanc

O primeiro livro, Os Marcos do Desastre, da grandiosa obra em seis volumes Memórias da Segunda Guerra Mundial (publicado no Brasil pela editora Nova Fronteira), de Winston S. Churchill, narra os acontecimentos na Alemanha e a ascensão do nazismo sob o ponto de vista dos britânicos. Logo na abertura da obra, Churchill conta que, respondendo ao presidente Roosevelt sobre como este deveria se referir à Segunda Guerra, o premiê britânico disse de pronto: "a guerra desnecessária". E explica: "Nunca houve uma guerra mais fácil de se impedir do que essa que acaba de destroçar o que havia restado do mundo após o conflito anterior". Churchill estava realmente convicto disso. No primeiro capítulo de sua obra, apropriadamente intitulado A Insensatez dos Vencedores, ele relata condoidamente a situação da Alemanha após a Primeira Guerra e demonstra como as condições que os vencedores impuseram ao país levaram a um novo embate militar. A tamanha humilhação pela qual o país passava ufanou os brios de seu povo, a ponto de os alemães apoiarem uma figura como Adolf Hitler, que prometia com tanta convicção liderar a nação rumo à conquista do seu verdadeiro espaço no mundo.

> A tamanha **humilhação** pela qual o **país** passava ufanou os **brios** de seu **povo**, a ponto de os **alemães** apoiarem uma **figura** como Adolf Hitler, que **prometia** com tanta **convicção** **liderar** a nação rumo à conquista **do** seu verdadeiro espaço no **mundo**

A Alemanha saiu da Primeira Guerra "derrotada, desarmada e faminta". O país líder da agressão era considerado por todos como a causa primordial da catástrofe que a Europa enfrentara. Só a França havia perdido 1,5 milhão de soldados para se defender. E os problemas entre a França e a Alemanha eram históricos. Em cerca de cem anos, os franceses foram atacados e quase invadidos pelos prussianos cinco vezes – em 1814, 1815, 1870, 1914 e 1918. Além disso, a população alemã era quase três vezes maior que a da França, o que possibilitaria uma tentativa futura de dominação. Assim, os temerosos franceses valeram-se de sua participação no Tratado de Versalhes para evitar a esperada invasão, espremendo o inimigo ao máximo.

À França, uniram-se a Grã-Bretanha e os Estados Unidos, e, juntos, impuseram aos vencidos um fardo aviltante. A Alemanha perdeu o direito de convocar seus cidadãos para o serviço militar obrigatório, e, assim, formar uma força-reserva e ter armamentos pesados. Sua frota naval foi afundada, o exército desmantelado, e o quadro de oficiais dissolvido. A força aérea militar tinha sido proibida, assim como a construção de submarinos. O país podia ter apenas um exército profissional de cem mil homens para manter a ordem interna. Em termos políticos, a situação não era menos vexatória. Os americanos, antipatizando naturalmente com a monarquia, influenciaram a deposição do kaiser e a fundação de uma república em Weimar. Mas a República de Weimar, "com todos os seus adornos e bênçãos liberais" – conforme Churchill colocou –, era vista pelos alemães como uma imposição do inimigo. "Para muitos patriotas alemães, a república (de Weimar) era uma afronta desde o início, uma vez que só existia porque a Alemanha fora derrotada", colocou o historiador J.M. Roberts. O arranjo político não tinha como preservar a fidelidade ou o imaginário do povo alemão.

Para completar o caos vivido pelos alemães depois da Primeira Guerra, a situação econômica se tornou insustentável. Pela desorganização política e financeira do país, bem como pela necessidade de pagar compensações de guerra entre 1919 e 1923, o que levou a uma enorme impressão de papel-moeda, o marco – a então moeda nacional da Alemanha – entrou em colapso. Nos estágios finais da inflação, uma libra esterlina correspondia a 47 trilhões de marcos. As consequências sociais, econômicas e políticas dessa inflação foram extensas, marcando profundamente a década de 1920.

Com seis milhões de desempregados, a poupança da classe média foi devastada. Isso criou uma legião de seguidores naturais do nacional-socialismo – a doutrina política que começava a se esboçar como "solução" para a catástrofe que assolava o país. Todo o capital de giro desapareceu da Alemanha, o que levou à contratação de empréstimos em larga escala. "O sofrimento e a amargura alemães marchavam juntos", descreveu Churchill. Nesse quadro desesperador, no qual os valores mais intrínsecos do povo haviam sido esmagados, abriu-se um espaço, logo ocupado, nas palavras do premiê britânico durante o conflito, por "um maníaco de índole feroz, repositório e expressão dos mais virulentos ódios que jamais corroeram o coração humano – o cabo Hitler".

A DESCOBERTA DE

UM DOM

Os primeiros passos do futuro Führer na política, que mudariam a História de forma definitiva

Por Claudio Blanc

AFP

Com o fim da Primeira Guerra, Adolf Hitler continuou a fazer parte do exército alemão, ou melhor, daquilo que havia sobrado dele, uma força de apenas cem mil homens mantida somente para conservar a ordem interna, o Reichswehr. Em 1919, o cabo Hitler recebeu uma ordem que mudaria drasticamente sua

> Ele não foi **seduzido** pela ideologia, da **qual** já era convicto, mas **pelas** aulas de **retórica** que faziam **parte** do curso. Foi **uma descoberta**, o reconhecimento de um dom. Através **dele**, Adolf **veio** a se tornar o **Führer**, capaz de **convencer** o indeciso e de fanatizar o **adepto**

vida – e a história do século 20: foi designado para assistir a aulas sobre doutrinação política.

A intenção do programa era combater a crescente influência comunista que se espalhava na Alemanha, especialmente em Munique e na Baviera, onde Hitler servia. No entanto, ele não foi seduzido pela ideologia, da qual já era convicto, mas pelas aulas de retórica que faziam parte do curso. Foi uma descoberta, o reconhecimento de um dom. Através dele, Adolf veio a se tornar o Führer e a ser capaz de convencer o indeciso e fanatizar o adepto.

De fato, Hitler se destacou tanto que, como ele mesmo descreve em sua autobiografia, Mein Kampf, acabou sendo ordenado a se "incorporar a um regimento de Munique, nominalmente na qualidade de instrutor". Foi o primeiro passo de uma "brilhante" carreira política e, também, o começo de sua ascensão. Os discursos que fazia aos outros membros do Reichswehr, durante o curso que ministrava, eram impregnados de um antissemitismo inflamado. Mas a ira de Adolf não se limitava aos judeus. Ele se dedicava igualmente a atacar os comunistas, tidos como tão culpados quanto os israelitas pela derrota da Alemanha.

O cabo Hitler aprendeu a dominar a plateia, a explorar o medo dos que ouviam e transformá-lo em raiva, a despertar nas pessoas a emoção que bem entendesse. E o artista frustrado, finalmente, encontrou sua arte: a retórica. Era um mestre, e sabia disso. "No transcurso de meu palavreado, reconquistei para a nação e a pátria não direi centenas, mas milhares de camaradas", registrou Adolf em Mein Kampf. E ele não estava sendo imodesto. O chefe da chancelaria de Hitler, Philipp Bouhler, afirmou categoriamente que o nazismo "só triunfou porque Adolf Hitler estava no comando", pois "ele é o movimento, uma vez que incorpora em sua pessoa a ideia do nacional-socialismo".

DE SOLDADO A POLÍTICO

As variáveis da equação que resultaria no fenômeno Adolf Hitler foram, finalmente, relacionadas através de missão dada a ele. Em 12 de setembro de 1919, Adolf foi enviado como observador a um comício, do qual participaria o pequeno Partido Nacional-Socialista dos Trabalhadores Alemães.

Entediado, Hitler ouviu as propostas políticas dos oradores, que buscavam nada além de celebrar a paz com os vencedores. De repente, porém, o tédio do futuro Führer deu lugar a um ódio inflamado quando um dos discursadores começou a defender a separação da Baviera. "Em vista de tais coisas, não me restou mais que solicitar permissão para falar e comunicar àqueles cavalheiros minha opinião sobre o particular", registrou Hitler sobre o acontecimento. E ele o fez com tanta fúria – ou "êxito", nas suas palavras – que "antes de concluir o meu discurso, o orador havia fugido do edifício como um cachorro com o rabo entre as pernas".

O discurso de Hitler foi tão inflamado que o líder do Partido Nacional-Socialista dos Trabalhadores Alemães (NSDAP), Anton Dexler, viu em Hitler a pessoa que buscava para promover o partido. Imediatamente, aproximou-se do cabo e disse, à queima-roupa, que as portas do partido estariam abertas a alguém com uma oratória tão surpreendente quanto a dele. Hitler não respondeu de imediato, mas, alguns dias depois, foi à sede do partido e se afiliou. Não só isso. Ele passou a se dedicar de corpo e alma ao partido – e, através deste, a si mesmo. Hitler sempre reconheceu o incrível domínio que ele exercia sobre os outros, e aquela era a oportunidade que ele buscava. Dessa vez, diferentemente de quando havia tentado ser artista, todos os vetores convergiam a seu favor.

Na oratória estava, sem dúvida, seu dom. Ele era absolutamente consciente disso, a ponto de, em Mein Kampf, dedicar um capítulo ao tema. Em "A Luta nos Primeiro Tempos: A Importância da Oratória", o futuro líder da Alemanha descreveu com precisão cirúrgica o fenômeno que chamou de "sugestão da multidão". Para aquele gênio da manipulação, "as reuniões de grandes multidões são necessárias, pois quando o individuo acometido pelo desejo de se alistar em um movimento, mas que teme estar só, ao assistir a elas, recebe ali a primeira impressão de uma numerosa comunidade, que exerce um efeito revigorante e estimulante na maioria das pessoas". Hitler sabia que "um homem que chega a essas assembleias cheio de dúvidas e vacilação sai dali intimamente fortalecido, convertendo-se em um movimento da comunidade", e explorava isso ao máximo.

Sua retórica se baseava na polêmica. Além disso, imprimia uma paixão nos seus discursos capaz de inflamar o mais frio dos ouvintes. Não buscava explicar o programa e a doutrina do seu partido, mas, sim, explorar as emoções da plateia. Os orgulhosos alemães tinham sido humilhados na guerra e vilipendiados no tratado de paz. E era o orgulho ofendido desse povo que Hitler alimentava com seu dom e sua fúria. Ele semeava ódio e, mais que isso, a necessidade de punir os culpados, fossem eles comunistas, liberais, democratas, capitalistas ou, principalmente, judeus – os bodes-expiatórios da frustração germânica.

A força da convicção que imprimia nos seus ouvintes o catapultou. Em 1921, apenas três anos de sua filiação, Hitler se tornou presidente do NSDAP. Na verdade, mais que isso: ele se tornou o próprio partido.

Heil Hitler

Como a intolerância, o fanatismo e a violência se instituíram no Partido Nacional-Socialista dos Trabalhadores Alemães

Por Claudio Blanc

Apesar da inegável projeção que Hitler conquistou à frente do Partido Nacional-Socialista dos Trabalhadores Alemães (NSDAP), no início ele não era, nem de longe, a principal figura do movimento. Na época, não tinha sequer confiança em si mesmo para se imaginar como o poderoso ditador, o Führer, o líder de toda a Alemanha que viria a ser. Sua missão pessoal, nos primeiros anos da década de 1920, era ser um agitador social incumbido de abrir caminho para um governante realmente capaz. Isso fica claro em alguns dos seus discursos, como o proferido em 4 de maio de 1923. Na ocasião, Adolf afirmou taxativamente que "nossa tarefa é forjar a espada" que o futuro governante usaria. "Nossa tarefa", declarou ele, "é dar ao ditador, quando ele aparecer, um povo preparado para ele".

Isso, porém, mudaria por conta do próprio povo alemão, que passou a ver na figura de Hitler o líder que tiraria o país daquela situação tão terrível quanto humilhante. E foram justamente a força e a determinação de Adolf que conquistaram os alemães. No entanto, ele não fez isso sozinho, mas deveu sua ascensão, em grande parte, a Ernst Röhm, um ex-combatente da Primeira Guerra tão fanático e perturbado quanto o próprio líder da NSDAP.

Röhm, homossexual assumido, com o rosto marcado por cicatrizes de tiros e perito em táticas militares, buscava um movimento no qual pudesse se destacar e conquistar o poder que julgava merecer. Os discursos de Hitler fizeram eco em suas convicções, e Röhm ingressou no NSDAP quando o partido ainda estava no início. Imediatamente, surgiu uma tremenda sinergia entre Hitler e ele. O partido precisava

Aquele cabo do **exército derrotado**, ex-artista frustrado, indigente, **pintor** de parede, **desertor** das **forças** austríacas, mas **herói** de guerra e **dono** de uma **eloquência impressionante**, viu-se transformado em **algo** até mesmo **maior** que o **líder absoluto** do Nacional-Socialismo. **Hitler** era **tido** por **toda** a Alemanha **como** o próprio **Partido**

de alguém como Röhm – um oficial do exército alemão, – com contatos no alto escalão. Foi através de Röhm que o NSDAP conseguiu armas e equipamentos para formar

AFP

ERNST RÖHM

Duas pessoas unidas por ideais bastante semelhantes, de visão e objetivos tão próximos a ponto de colaborarem intimamente, mas, ao mesmo tempo, absolutamente separadas pelas ambições pessoais, a ponto de se tornarem uma ameaça uma para a outra: assim eram Adolf Hitler e Ernst Röhm. Enquanto o primeiro, a ponta de lança do Partido Nacional-Socialista dos Trabalhadores Alemães (NSDAP), precisava de Röhm por conta de seus contatos no alto escalão do Reichswehr – o que restou do exército alemão depois do Tratado de Versalhes – e para formar sua imprescindível milícia, este acreditava que podia usurpar os poderes de Hitler quando chegasse a hora. Ledo engano. Nesse ninho de cobras, foi Adolf quem usou Röhm como quis, até que este deixou de ser necessário. Além de formar as Tropas de Assalto (SA), as quais calavam à força os detratores do líder nazista, enquanto este vomitava a mensagem nos comícios, Röhm apresentou a estrela do NSDAP ao general Erich von Ludendorff (1865 - 1937), um dos mais prestigiados oficiais do Reichswehr. No entanto, não demorou para que Hitler se livrasse de Röhm. Só que os membros da SA eram tremendamente fiéis ao seu fundador, até mesmo mais que a Hitler. Em 1923, numa manobra política digna de serpente, o futuro Führer depôs Röhm e nomeou Hermann Göring, um herói da Primeira Guerra tremendamente leal a ele, comandante de sua milícia. Não bastasse isso, para que Röhm não viesse a representar qualquer ameaça, Hitler fez que ele fosse executado sem julgamento, em 1934. Um dos pretextos usados foi o homossexualismo de Röhm, o qual ele não temia esconder.

uma força paramilitar que protegesse os líderes do partido durante os comícios.

Naquela época, diversas organizações paramilitares de caráter ultraconservador e de extrema direita grassavam na Alemanha, surgidas devido, principalmente, ao desemprego, à inflação aviltante e, fundamentalmente, em oposição à esquerda contrária à manutenção de uma Alemanha unificada. Organizações como os Stahlem, isto é, Capacetes de Aço, a Einwohnerwehr, ou Força para a Defesa do Cidadão, e a feroz Freikorps, integrada por ex-combatentes frustrados e sedentos de vingança pela derrota que haviam sofrido na Primeira Guerra, formavam-se para defender seus ideais e confrontar aqueles que julgavam ser os traidores da pátria.

Naquele estado de coisas, as disputas políticas eram resolvidas a bala e venciam os mais fortes, mais organizados e melhor armados. Logo após o término da Primeira Guerra, a Alemanha se viu à beira de uma guerra civil entre os comunistas e a extrema direita. Durante um curto período, em 1919, os comunistas exerceram forte influência em Munique e em toda a Baviera. Isso levou a combates entre os marxistas e os Freikorps apoiados por unidades da Reichswehr. A "Revolta Esparquista", como foi chamada a tentativa da esquerda de tomar o poder e separar a Baviera do resto da Alemanha, começou quando as milícias de esquerda ocuparam os escritórios do jornal social-democrata Vorwäts. Depois de vários dias de combates nas ruas de Munique, os Freikorps puseram um ponto final à revolta com um banho de sangue: centenas de rebeldes foram mortos, e vários líderes comunistas, assassinados.

atitude feroz dos "camisas pardas", como os membros da SA foram apelidados por conta dos seus uniformes. Num des seus discursos, Adolf afirmou que "o futuro de um movimento depende do fanatismo – e até mesmo da intolerância – com que seus partidários o exaltam, exibindo-o como o único rumo certo e levando-o adiante em oposição a ideias contrárias".

Num primeiro momento, a SA era pequena. Em 1922, havia cerca de 800 camisas-pardas contra meio milhão de membros da Einwohnerwehr, e, enquanto a SA se limitava apenas a Munique e à Baviera, o Sathlem tinha representações em toda a Alemanha. No entanto, graças ao carisma de Hitler – e às péssimas condições de vida no país –, a SA, com seus estandartes e suas suásticas, cresceu em proporção geométrica.

O magnetismo de Adolf e a força demonstrada pela SA, calando quem quer que se opusesse à NSDAP, acabaram conquistando uma verdadeira legião de seguidores. Cada vez mais, o futuro líder da Alemanha passava a assumir uma atitude messiânica que incendiava um país sem rumo e sem esperança. Gradativamente, surgia como o grande governante que tiraria a nação do buraco. E Hitler, que no início da sua atividade política se via apenas como um profeta, um João Batista a preparar o caminho e a anunciar a vinda do grande salvador que traria a redenção do povo alemão, começou a acreditar que, de fato, ele era esse líder.

A partir de então, a loucura dominou o Partido Nacional-Socialista dos Trabalhadores Alemães. Os membros da SA passaram a realizar um juramento de fidelidade e de lealdade não à doutrina nacional-socialista, ou à Alemanha, mas, sim, a Hitler. Isso ficou patente com a saudação que

Era **necessário** que também a **NSDAP** tivesse sua **própria** força paramilitar se **quisesse** se **consolidar**. E essa **tarefa** foi dada a Ernst Röhm, que, em agosto de 1921, criou a **Sturmabteilung**, ou **Tropa** de Assalto (SA). **Constituída** por antigos **membros dos** Freikorps e da Reichswehr, a SA logo se fez **notar** por sua **violência** quase sempre **injustificada**

SURGIMENTO DA SA

Era necessário, portanto, que também a NSDAP tivesse sua própria força paramilitar se quisesse se consolidar. E essa tarefa foi dada a Ernst Röhm, que, em agosto de 1921, criou a Sturmabteilung, ou Tropa de Assalto (SA). Constituída por antigos membros dos Freikorps e do Reichswehr, a SA logo se fez notar por sua violência quase sempre injustificada. Hitler apoiava publicamente a

passou a ser usada a partir de 1926: "Heil Hitler!", isto é "Salve Hitler!". Dessa forma, aquele cabo do exército derrotado, ex-artista frustrado, indigente, pintor de parede, desertor das forças austríacas, mas herói de guerra e dono de uma eloquência impressionante, viu-se transformado em algo até mesmo maior que o líder absoluto do Nacional-socialismo. Hitler era tido por toda a Alemanha como o próprio Partido Nacional-Socialista. Faltava apenas tomar o poder em suas próprias mãos, o que Adolf procurou fazer através de um golpe de Estado.

AFP

O FRACASSO VITORIOSO

A tentativa de golpe de Estado, episódio que ficou conhecido como o "Putsch da Cervejaria", foi o começo da estupenda popularidade de Hitler e de suas ideias

Por Claudio Blanc

Entre todas as coincidências e ironias do destino que levaram Adolf Hitler e o Partido Nacional-Socialista dos Trabalhadores Alemães (NSDAP) ao poder, possivelmente, a maior delas foi um fracasso que acabou sendo revertido em vitória. O Putsch , ou "golpe", da Cervejaria, nome com o qual a tentativa de golpe de Estado passou para a história, colocou Adolf na prisão, mas, ao mesmo tempo, catapultou sua mensagem em âmbito nacional, incendiando a Alemanha.

O estopim do movimento foi aceso em janeiro de 1923, quando forças francesas e belgas ocuparam uma região ocidental da Alemanha, o Ruhr, não só para garantir que o país cumprisse os pagamentos estipulados no Tratado de Versalhes, mas também por medo de uma invasão, como, de fato, veio a acontecer no início da Segunda Guerra Mundial. Logo, o barril de pólvora explodiu. Os alemães exigiram que seus governantes tomassem atitude. E, como se a situação já não fosse tremendamente inflamável, mais lenha foi jogada na fogueira quando os soldados franceses abriram fogo sobre operários alemães que protestavam contra a invasão. Dezenas de opositores foram mortos e feridos. Indignados com o acontecimento, os partidos extremistas incitaram as massas, exigindo uma atuação imediata e efetiva da titubeante República de Weimar. A mensagem implícita que passavam em seus comícios era a de que, se o governo não tomasse providências, eles mesmos o fariam. A resposta governamental foi tímida – ao menos para os extremistas. E uma crise incendiária se alastrou por todo o país.

Uma das consequências da invasão franco-belga foi a união dos partidos de extrema direita sob a Kampfbund, ou Liga de Batalha, no qual Hitler acabou sendo escolhido líder. Mas não foi só isso que aconteceu. Motins nas ruas, greves, anarquia, particularmente em Munique e na Baviera, a região onde Adolf e o NSDAP atuavam, fizeram que o governo de Weimar concedesse plenos poderes ao chefe do alto governo da Baviera, Gustav Ritter von Kahr. Em setembro, Von Kahr decretou estado de emergência e conseguiu impor uma certa estabilidade na região. No entanto, ele precisou usar a força. Uma vez mais, milícias comunistas viram uma oportunidade de tomar o poder e separar a Baviera do resto do país. Assim, atacaram o comissariado de polícia, mas foram recebidos a bala e dominados.

Confiante da sua energia, Von Kahr pensou em estender sua ação e influência para o resto da Alemanha. E ninguém melhor que Hitler, que contava com o apoio do general Erich von Ludendorff (1865 - 1937) – uma das principais lideranças das encolhidas forças alemãs, o Reichswehr – e da sua própria milícia, as Tropas de Assalto (SA), para ajudá-lo a coordenar um golpe de Estado. Von Kahr ofereceu ao líder da Liga de Batalha uma generosa fatia de poder depois que o novo regime fosse imposto. Mas, apesar desse acordo inicial, Von Kahr acabou deixando Adolf e a sua Liga de lado. Havia muitas disputas e diferentes pontos de vista envolvidos. Von Kahr era um membro da aristocracia e um político experiente e habilidoso. Hitler e seus seguidores eram, por sua vez, independentes demais. Além disso, Von Kahr tinha conseguido apoio direto em várias regiões alemãs, e não precisava mais do futuro Führer e da SA. O que ele não esperava era que a Liga de Batalha fosse agir por conta própria.

GOLPE NA CERVEJARIA

Na noite de 8 de novembro de 1923, numa grande cervejaria da cidade, a Bürgerbräukeller, Von Kahr proferia um inflamado discurso antimarxista a uma plateia repleta

Cavalaria armada nas ruas de Munique, em novembro de 1923

de aristocratas, dirigentes políticos, oficiais do exército e outros influentes representantes da sociedade bávara, quando algo inesperado aconteceu.

De repente, o salão foi invadido por cerca de mil homens da SA. Uma metralhadora pesada foi introduzida no recinto e postada num ponto estratégico, ameaçando a atônita plateia. Em seguida, de forma um tanto teatral, Hitler entrou, de pistola na mão, vestido de negro e escoltado por dois membros da SA – com suásticas estampadas nos uniformes. Em meio ao tumulto, o líder da liga dos partidos de extrema direita disparou sua pistola para o ar, atraindo a atenção para si. Hermann Göring, o líder da SA, tomou a palavra e aconselhou os presentes a continuar bebendo calmamente sua cerveja. Von Kahr e seus aliados mais próximos foram convidados a participar de uma reunião com Hitler e Ludendorff, que chegou à cervejaria depois que a situação havia sido controlada, numa sala reservada.

De acordo com o ferrenho opositor do nazismo Hans Bernd Gisevius (1904 – 1974), autor da importante obra Bis zum Bitteren Ende, ("Até o Amargo Fim"), em que retrata sua luta anti-nazista, Adolf Hitler conduziu a negociação de arma em punho. Disse que Von Kahr deveria fazer parte do levante e "ocupar lugar designado (no novo governo) segundo os acordos precedentes". No entanto, a revolução de Hitler foi improvisada. O próprio Ludendorff não estava de acordo com a forma de agir do futuro Führer – absolutamente emocional e praticamente sem nenhum planejamento.

Apesar de a SA ter tomado pontos nevrálgicos de Munique e alguns quartéis, sem o apoio das tropas da cidade, controladas por Von Kahr, a Liga de Batalha não conseguiu dominar a capital da Baviera. Depois de tranqüilizar a influente plateia da cervejaria, Adolf deixou o lugar sob o comando de Ludendorff e foi ter com suas tropas. Quando voltou, porém, Von Kahr e seus aliados tinham debandado. Ludendorff os havia libertado mediante a promessa de que não interfeririam. Mas, longe da ameaça de Hitler, Von Kahr se apressou em telegrafar informando o governo central sobre o golpe – e Weimar abafou o levante imediatamente.

Na manhã de 9 de novembro, numa tentativa desesperada de reverter a situação, Hitler, Ludendorff e cerca de dois mil homens da SA saíram em marcha pelas ruas de Munique. A ideia – semelhante ao que ocorrera aos

Sem **procurar** se **defender**, Hitler **assumiu** toda a responsabilidade pela malograda **conspiração**, mas – e aí **residiu** a perspicácia da sua **defesa** – afirmou num de **seus** discursos **incendiários** que **tentara** salvar a Alemanha e, **portanto**, tinha **agido** como **patriota**, e não como **traidor**

Uma das **consequências** da **invasão** franco-belga foi a união dos **partidos** de **extrema** direita sob a **Kampfbund**, ou Liga de **Batalha**, da qual Hitler acabou sendo **escolhido** líder. Mas não foi só **isso** que **aconteceu**. Motins nas **ruas**, greves, **anarquia**, particularmente em **Munique** e na Baviera, a **região onde** Adolf e o NSDAP **atuavam**, fizeram **que** o governo de Weimar **concedesse** plenos **poderes** ao **chefe** do alto **governo** da **Baviera**, Gustav Ritter von Kahr

"Dezoito do Forte", os tenentes que, em 1918, tomaram o Forte de Copacabana, no Rio de Janeiro – era de que os cidadãos iriam aderir à caminhada, numa demonstração que faria as forças do Reichswehr passar para o lado dos rebeldes. Mera ilusão. Embora milhares de pessoas tivessem, de fato, acompanhado os revoltosos cantando hinos e palavras de ordem durante o percurso, quando se aproximaram de uma barricada da polícia e do Reichswehr, aconteceu o inevitável. Sem aviso prévio, as forças governistas abriram fogo. Os homens de Hitler responderam da mesma forma, iniciando um tiroteio. O combate durou menos de um minuto, mas, quando acabou, 18 mortos – 14 membros da SA e quatro policiais – jaziam no chão. O próprio líder da SA, Hermann Göring, saíra ferido, e Hitler, lançado no chão por um dos seus milicianos quando este recebeu o impacto de um tiro, acabou a marcha com o ombro deslocado. Ludendorff, por sua vez, caminhou até as posições governistas e se rendeu.

DE TRAIDOR A PATRIOTA

Policiais mortos, ocupação de quartéis, tentativa de golpe de Estado: o estrago provocado por Adolf Hitler e seus seguidores implicaria, quase certamente, a pena de morte. No entanto, quando o julgamento do líder dos partidos de direita começou, o genial orador acabou revertendo completamente a situação e passou de acusado a acusador. Numa tacada de mestre, o futuro líder da Alemanha acabou usando o julgamento para promover a si mesmo e ao seu partido. Sem procurar se defender, assumiu toda a responsabilidade pela malograda conspiração, mas – e aí residiu a perspicácia da sua defesa – afirmou num dos seus discursos incendiários que tentava salvar a Alemanha e, portanto, tinha agido como patriota e não como traidor.

Em seu livro A Estratégia de Hitler (Madras Editora, São Paulo), Pablo Jiménez Cores cita um trecho da fala que Adolf proferiu em sua defesa: "mesmo que os juízes deste Estado possam empenhar-se na condenação de nossas ações, a história, deusa de uma verdade maior e de uma lei melhor, há de sorrir quando desfizer o que foi feito neste julgamento e nos declarar livres de culpa e isentos do poder de expiação". O resultado foi que os juízes acabaram se curvando aos argumentos de Hitler. Sabiam que o governo imposto pelo Tratado de Versalhes era mais uma humilhação causada pelos inimigos e concordavam que a Liga de Batalha lutava sinceramente para conduzir a Alemanha a uma solução melhor. Além disso, Adolf contava com a simpatia – quando não com a fidelidade – de quase todo o país. Assim, todos os envolvidos receberam penas extremamente leves. Alguns foram até mesmo absolvidos.

Em termos políticos, o Putsch da Cervejaria acarretou a fusão do NSDAP com as demais organizações da Liga de Batalha num único partido, chamado de "Grande Comunidade Nacional Alemã". A SA também se tornou independente do partido e seu fundiu às outras milícias de direita. Quanto a Hitler, o cabeça do golpe mal-sucedido, foi condenado a cinco anos de prisão, mas acabou cumprindo apenas 13 meses, numa confortável cela que mais parecia um gabinete de trabalho. Lá, continuou recebendo visitas de membros da elite de seu partido, além de contar com a simpatia e o apoio dos guardas, dos carcereiros e dos outros prisioneiros.

Ironicamente, o Putsch da Cervejaria acabou sedimentando o sucesso de Adolf Hitler e do Nacional-Socialismo. O futuro Führer soube aproveitar o tempo na prisão para sistematizar o ideal nazista, escrevendo o livro que viria a ser a bíblia da sua ideologia, a autobiografia Mein Kampf, ou "Minha Luta". E como uma fênix que renasce das próprias cinzas, Hitler saiu da prisão renovado e mais forte do que nunca. Provara sua coragem, sua energia e sua determinação ao povo alemão, que agora o apoiava quase que irrestritamente. Só faltava tomar o poder e guiar a Alemanha rumo à "salvação" – ou aquilo que Adolf e seus aliados imaginavam ser a salvação do país. Como todos sabem, as circunstâncias conduziram a Alemanha a uma nova guerra e, ainda pior, à sua ruína.

O ódio aos **judeus** era **anterior** à guerra. Também não era **exclusivo** de Hitler nem dos alemães. Na **Áustria**, políticos como Ritter von Schönerer – que **influenciou** sobremaneira o futuro Führer **durante** sua **juventude** em Viena – já **nutriam** um antissemitismo **exacerbado**

MINHA LUTA

Em *Mein Kampf*, o líder nazista expõe os principais pontos de sua doutrina num discurso tão arbitrário quanto contundente

Por Claudio Blanc

Apesar de ser um brilhante orador e de ter consciência de que "o triunfo de todos os grandes movimentos ocorridos no mundo foi obra de grandes oradores, e não de grandes escritores", Adolf Hitler sabia que "a unidade e a uniformidade na defesa de qualquer doutrina exigem que seus inextinguíveis princípios sejam formulados por escrito". Assim, enquanto cumpriu pena por ter articulado o Putsch (Golpe) da Cervejaria, o futuro Führer se dedicou a escrever a obra que veio a ser a bíblia do nazismo, o Mein Kampf, isto é, "Minha Luta". O livro é mais que uma história autobiográfica da sua ascensão. Nele, estão os princípios do nacional-socialismo conforme entendidos pelo líder nazista. É uma tese repleta de ressentimento e que veio a influenciar todo o povo alemão de uma forma no mínimo assustadora. Publicado em 1925, o livro já tinha vendido mais de 1,5 milhão de exemplares e começava a ser editado em braile em 1933. No final da Segunda Guerra, já havia sido traduzido para 16 idiomas e vendido mais de 10 milhões de cópias. E, apesar das propostas contidas no livro – inconcebíveis aos olhos modernos –, a Alemanha outorgou poder ao seu autor. A seguir, uma visão dos principais pontos da doutrina nazista de acordo com o Mein Kampf.

ANTISSEMITISMO

Um dos pilares sobre o qual se sustentou o ideal nazista foi o antissemitismo. Entre os principais motivos pelos quais Hitler culpava os judeus dos problemas da Alemanha estava o fato de estes serem partidários da república e contrários à monarquia. Muitos israelitas insistiram no ideal republicano quando a Alemanha ainda lutava. Eles eram, aos olhos do idealizador do nacional-socialismo, os traidores que, com sua interferência política, levaram a Alemanha à derrota.

O ódio aos judeus era, porém, anterior à guerra. Também não era exclusivo de Hitler nem dos alemães. Na Áustria, políticos como Ritter von Schönerer – que influenciou sobremaneira o futuro Führer durante sua juventude em Viena – já nutriam um antissemitismo exacerbado. E pelo mesmo motivo. Foi ainda numa idade precoce que Hitler percebeu "a diferença entre os judeus e as demais pessoas" e o fato de eles serem "uma população que nenhuma semelhança tinha com os germânicos". E passou a não tolerar qualquer coisa produzida pelos israelitas, fosse nas artes, no cinema ou no jornalismo. O que quer que viesse dos judeus estava "infectado", segundo Adolf. Assim, não havia motivo para permitir que a raça judaica continuasse a se infiltrar na pátria germânica.

ANTIMARXISMO

Os outros culpados pela derrota da Alemanha e pela instabilidade que ela veio a enfrentar depois da guerra eram, no entender do líder nazista, os comunistas. Como no caso dos judeus, o ódio doentio contra os soviéticos fica bem evidenciado nas cifras aproximadas do Holocausto: entre 5,6 e 6,1 milhões de judeus e 2,5 e 4 milhões de prisioneiros de guerra soviéticos.

Adolf Hitler havia estudado a obra de Karl Marx em Viena, mas seu ressentimento com relação aos comunistas vinha do que ele classificava como "antipatriotismo". Durante a guerra, trabalhadores marxistas promoveram greves que fizeram os homens nas linhas de frente passar necessidades. Além disso, depois do fim do conflito, os seguidores da doutrina de Marx tentaram tomar o poder e fragmentar a Alemanha. Eram uma ameaça à unidade do país.

Para fechar o circuito, o futuro Führer se opunha ao marxismo porque entendia que os judeus estavam por trás desse conceito. Segundo o Mein Kampf, "a doutrina judaica do marxismo nega o princípio aristocrático da natureza e, em lugar do eterno privilégio da força e da energia, coloca seu peso morto em cima dos números". Como se vê, para Hitler, os judeus estavam por trás de tudo

AFP

teceu de fato com os judeus. "Para que uma cultura superior se desenvolvesse (isto é, os germânicos), foi necessário que existissem indivíduos de civilização inferior, pois ninguém, sem eles, poderia substituir o instrumento técnico sem o qual o progresso é inconcebível", pregava o líder nazista.

SUPER-HOMENS

Outro princípio defendido por Adolf Hitler no Mein Kampf era a "purificação" da nação germânica. Por conta disso, o Estado "declarará impróprio para a reprodução qualquer um que esteja evidentemente enfermo ou padeça de incapacidade hereditária". Em suma: a autoridade nazista determinaria os aptos ou não para ter filhos, podendo até mesmo esterilizar os indivíduos que não correspondessem ao padrão determinado.

STATUS DOS GERMÂNICOS

Hitler propunha dividir a população da Alemanha (e posteriormente da Áustria) em três classes distintas: cidadãos do Estado, súditos e estrangeiros. Os últimos não teriam qualquer direito a participar da vida cívica. Mas não bastava ser nascido na Alemanha (nem na Áustria, depois da anexação desse país, em 1938). Isso determinava simplesmente o status de súdito, o que implicava que a pessoa nessa condição não podia exercer a função de funcionário público nem tomar parte na vida política.

Publicado em 1925, o livro já tinha vendido mais de 1,5 milhão de exemplares em 1933, e começava a ser editado em braile. No final da Segunda Guerra, já havia sido traduzido para 16 idiomas e vendido mais de 10 milhões de cópias

aquilo que entendia como mau e ameaçador.

DIVISÃO DE PODER

Adolf Hitler dizia que a estrutura administrativa deveria pressupor que o "cérebro" estivesse "acima das multidões". Os dirigentes políticos teriam conselheiros, mas a palavra final "será obra de uma só pessoa", isto é, do próprio Hitler. Nada mais totalitarista, portanto, que o nazismo.

O PRINCÍPIO DA LUTA

O futuro governante da Alemanha propôs que, para se viver em paz e, ao mesmo tempo, assegurar a sobrevivência dos germânicos, era preciso lutar para garantir sua segurança. "Primeiro, devemos lutar", escreveu ele, "depois, seremos o pacifismo". Na verdade, o "pacifismo" a que se refere é a dominação e a escravização de outros povos – como acon-

Para ser cidadão, era preciso estar completamente disponível ao Estado. Tratava-se de uma conquista. Depois de ter estudado nas escolas governamentais, deveria-se prestar serviço militar. E só então, "o jovem saudável e possuidor de uma folha de serviços irrepreensível será investido com os direitos da cidadania, e o documento que confirma isso deverá ser considerado o mais importante de sua existência nesta terra".

EDUCAÇÃO

O futuro ditador propunha uma nação de homens "medianamente educados, mas saudáveis de corpo". Por isso, as "escolas do Estado Nacional deveriam dedicar mais tempo ao exercício corporal", especialmente ao boxe. Para Hitler, "não existe esporte algum que estimule tanto o espírito de ataque quanto este". Ele queria um país de soldados.

Co-autores

Quem foram os teóricos que lançaram as bases da ideologia nazista

Por Claudio Blanc

Heinrich Himmler, Rudolf Hess e oficiais nazistas

Embora o nazismo tenha sido sistematizado, defendido e propagado por Adolf Hitler, ele não estava sozinho na concepção das ideias do movimento. Na verdade, o futuro Führer amalgamou uma série de conceitos, cuja fusão resultou no nazismo. São teses, crenças e tendências criadas por diferentes teóricos e que acabaram se tornando muito populares na Alemanha depois da Primeira Guerra. Os pensadores que criaram essas teorias são, portanto, co-autores do ideal que veio a dominar a nação alemã (e a Áustria, depois da sua anexação) sob Adolf Hitler. Eles eram anteriores ao líder nazista e à sua teoria de mundo. Foram eles, portanto, que inspiraram o ditador, fornecendo a base teórica necessária à configuração do ideal nazista. Visionários, ressentidos, místicos, frustrados, esses pensadores conseguiram encontrar voz para suas crenças – por mais absurdas que pudessem ser – num líder fanático e obcecado que conduziria inexoravelmente seu país adotivo à ruína.

GUIDO VON LIST

A figura do austríaco Guido von List (1848 – 1919) corresponde incrivelmente ao seu caráter: excêntrico como sua longa barba e misterioso como os boatos que o envolviam. Fanático pela ascensão germânica, estava certo da superioridade ariana sobre os outros povos. Aos 14 anos, jurou que iria construir um templo a Odin (ou Wotan), o deus nórdico da guerra, da sabedoria e, paradoxalmente, da poesia, em Viena. Acabou cumprindo a promessa, erguendo, realmente, uma estátua de Odin naquela cidade. List acreditava – pior que isso, divulgava – que havia uma primeira raça, os "armanos", da qual os povos germânicos descendiam, extremamente inteligente e desenvolvida, cujas capacidades intelectuais eram mais aguçadas que as dos outros povos.

Ele pode ser considerado um dos primeiros pensadores da corrente místico-racista. Seu pensamento se alastrou através de Phillip Stauf, que pôs em prática as teorias de List na sociedade secreta que fundou, a Ordem Germânica. Foi Stauf quem radicalizou o conceito de raça superior, levando-o ao extremo. Para entrar na ordem, por exemplo, o candidato tinha de demonstrar sua pureza racial, isto é, deveria possuir sangue germânico até a terceira geração, sem nenhuma mistura racial. Além disso, o aspirante tinha de deixar que medissem seu ângulo facial, para assegurar que sua estrutura craniana era ariana. Depois de aprovado, passava por uma verdadeira lavagem cerebral. Hitler buscou fazer a mesma coisa através do nazismo. As Escolas Adolf Hitler, a rede de ensino instituída em toda Alemanha após a ascensão do Führer, onde as crianças, o futuro do Terceiro Reich, eram educadas, funcionavam como verdadeiras máquinas de "fazer a cabeça".

JÖRG LANZ VON LIEBENFELS

Provavelmente, Jörg Lanz von Liebenfels foi uma das personalidades que mais influenciaram Hitler, seu nome verdadeiro era Adolf Josef Lanz e pertencera a uma ordem monástica cristã, mas havia sido expulso por conta dos seus "pensamentos impuros". Liebenfels fundou, então, sua própria sociedade iniciática, a Ordem do Novo Templo, e elaborou a revista Ostara, através da qual divulgava sua doutrina. O jovem Hitler era um entusiasmado leitor da Ostara, quando vivia em Viena. A revista era carregada de antissemitismo e de ideias sobre a superioridade germânica. Liebenfels publicava no periódico ideias como a de que Cristo era um iniciado ariano havia se posicionado contra as forças obscuras representadas pelos sacerdotes judeus. Para Liebenfels, os judeus eram uma raça demoníaca que pretendia destruir a pureza racial do ariano através dos mais diversos meios – até mesmo a caridade. O autor bradava que esse movimento deveria ser impedido a qualquer custo. A forma de cosneguir isso, segundo a Ostara, era esterilizando os judeus e fazendo-os trabalhar até a morte – literalmente.

Adolf Hitler era grande fã das ideias de Liebenfels. Consta que, em 1909, o futuro Führer visitou o autor para comprar alguns números atrasados da Ostara. Não é à toa que empregou criteriosamente as recomendações do ex-monge nos campos de concentração nazistas.

KARL HAUSHOFER

Depois da Primeira Guerra Mundial, em que serviu como um dos mais jovens generais do exército alemão, Karl Haushofer (1869 – 1945) tornou-se diretor do Instituto de Geopolítica, onde desenvolveu uma tese que viria a ser nevrálgica na política expansionista nazista. Haushofer afirmava que o espaço geográfico tem influência decisiva sobre os Estados e suas políticas. Em outras palavras, a geografia determina a sociedade. Óbvio como parece, esse conceito foi usado, porém, para defender a ideia de que o Estado e o povo alemão haviam atingido um grau evolutivo superior às outras nações e etnias e, por isso, precisavam ampliar suas fronteiras para poder se desenvolver de acordo com seu potencial.

Haushofer foi conselheiro dos nazistas até 1938 e influenciou pessoalmente Hitler a adotar uma política de expansão territorial como algo intrinsecamente ligado à sobrevivência da Alemanha. Mas não era só como militar e geógrafo que Haushofer se destacava. Ele afirmava ter estudado zen budismo e sustentava ter contato com sociedades secretas tibetanas que possuíam o segredo do "super-homem" – uma ideia que acabou se tornando central no nazismo. Haushofer era, também, membro de uma sociedade secreta japonesa, a Ordem do Dragão Verde.

Ele foi apresentado a Hitler por Rudolf Hess – um dos mais ortodoxos seguidores do misticismo nazista –, e logo, se tornou mentor do futuro chanceler, chegando a ensinar ocultismo a Hitler e a secretariá-lo quando estava escrevendo Mein Kampf. De acordo com Pablo Jiménez Cores, autor de A Estratégia de Hitler (Madras Editora, tradução de Silvia Massimini), numa das vezes em que Haushofer visitou Hitler na prisão, ele mostrou ao líder um

Visionários, ressentidos, místicos, **frustrados**, esses **pensadores** conseguiram encontrar **voz** para suas **crenças** – por mais **absurdas** que pudessem **ser** – num **líder fanático** e **obcecado** que conduziria **inexoravelmente** seu **país** adotivo à **ruína**

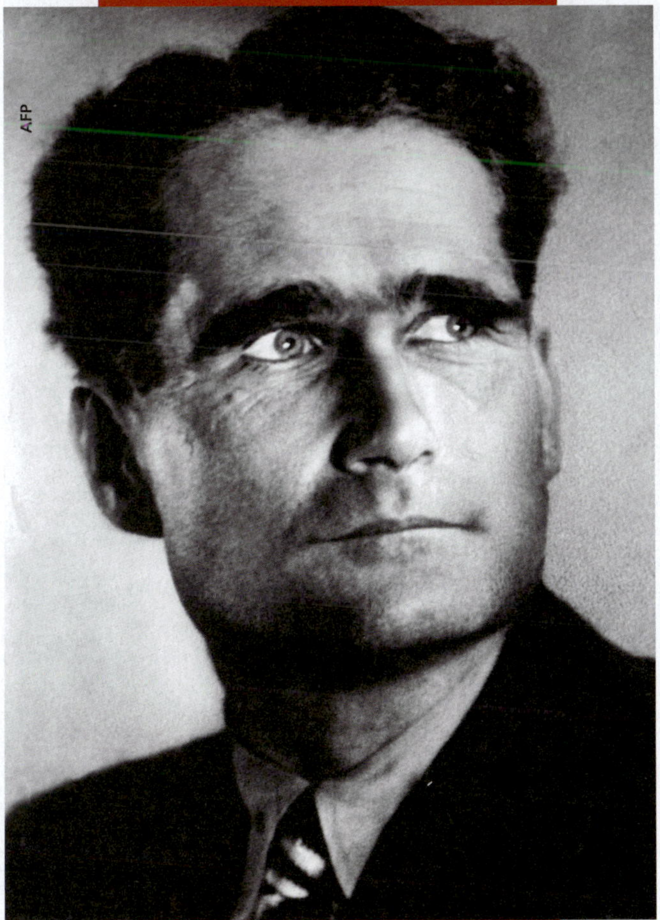

AFP

Rudolf Hess

documento peculiar, o Protocolo dos Sábios do Sião. O texto revelava discussões mantidas durante os encontros dos 62 homens mais poderosos do Congresso Sionista Mundial com o objetivo de impor o domínio dos judeus sobre os outros povos. Não bastasse isso tudo, Haushofer exerceu uma influência fundamental sobre o Führer, convencendo-o de que a União Soviética, e não a França, era a grande inimiga da Alemanha. Como se sabe, a decisão de Hitler de invadir a união Soviética foi desastrosa e lhe custou a possibilidade de vitória. No final da guerra, como era de se esperar de um adepto da cultura samurai, Haushofer cometeu suicídio ritual.

RUDOLF HESS

Chamado por alguns historiadores de neurótico, Rudolf Hess foi uma das pessoas de maior confiança de Hitler, exercendo sobre ele grande ascendência no começo de carreira. Hess estava sempre ao lado de Hitler. Foi seu secretário particular, quando editou o livro Mein Kampf. Depois, com a chegada dos nazistas ao poder, em 1933, tornou-se ajudante pessoal do Führer e, finalmente, em 1939, o segundo na linha de sucessão, depois de Göring. Foi Hess quem apresentou Karl Haushofer a Hitler, estabelecendo uma conexão que abalaria a história. Haushofer havia sido professor do secretário de Hitler na Universidade de Munique, onde lecionava geopolítica.

Hess era um dos mais entusiasmados seguidores da corrente esotérica que ficou conhecida como "Misticismo Nazista". Não há dúvida de que o interesse dele pelo ocultismo contagiou Hitler, conduzindo-o através de um mundo povoado por místicos, médiuns e magos. Mas, com a ascendência de outras figuras sobre Hitler, Hess foi ficando marginalizado, a ponto de realizar um dos feitos mais patéticos da Segunda Guerra. Na verdade, de acordo com o que William L. Shirer escreveu em The Rise and Fall of the Third Reich (Ascensão e Queda do Terceiro Reich), o terceiro homem na linha de sucessão do Reich buscava obter uma estrondosa vitória diplomática. Acabou preso.

Numa louca tentativa de selar a paz com a Grã-Bretanha, em maio de 1941, Hess pilotou um Messerschmitt Bf 110 sobre a Escócia, onde saltou de pára-quedas. Ele pretendia se encontrar com o duque de Hamilton, a quem iria propor um armistício para que os dois países pudessem, juntos, combater os soviéticos. Mas Hess não tinha qualquer credencial para negociar. Quando soube da história, Hitler declarou que seu ajudante estava "insano". Seja como for, a Grã-Bretanha, certamente, não aceitaria as condições simplórias propostas pelo ajudante de Hitler, isto é, as de que o Reich não atacaria nenhum território do império britânico e este não se oporia à Alemanha. A resposta foi a detenção de Hess como prisioneiro de guerra. Depois do final do conflito, ele foi condenado à prisão perpétua pelo tribunal de Nuremberg. Morreu na prisão de Spandau, em 1987, aos 93 anos.

DIETRICH ECKART

As últimas palavras de Dietrich Eckart, ao morrer em 1923, foram um conselho para os que o cercavam. "Sigam Hitler", disse ele. "Vocês o verão dançar, mas eu fui o compositor da música; dei a ele os meios para se comunicar com eles ... Minha influência na história será maior do que a de qualquer outro alemão". De fato, Eckart, pleno conhecedor da estratégia da oratória, foi o responsável por treinar Hitler e melhorar sua natural capacidade de comunicação. Mas a influência de Eckart, um jornalista, escritor e tradutor alcoólatra e viciado em morfina, sobre o ditador também envolveu o ocultismo. Ele havia dedicado grande parte do seu tempo aos estudos das técnicas usadas pelos médiuns, e procurou ensiná-las a Hitler para aumentar o poder de persuasão do líder do nazismo.

RUDOLF STEINER

Parece incrível incluir o grande pensador austríaco Rudolf Steiner (1861 –1925) entre as mentes que influenciaram Hitler, mas, de fato, o futuro líder da Alemanha chegou a nutrir uma grande admiração pelo fundador da Antroposofia. Steiner, porém, jamais compactuaria com o ideal nazista e suas ações.

Os conceitos de Steiner, filósofo e pedagogo, reunidos na doutrina que chamou de "Antroposofia", buscavam atingir o verdadeiro conhecimento da natureza humana. Escritor e palestrante eloquente, Steiner fundou a Sociedade Antroposófica, o teatro Goetheanum, em homenagem ao grande escritor alemão Goethe (1749 – 1832), a escola Waldorf, que até hoje continua a ser pioneira em termos de pedagogia, e um instituto clínico e terapêutico.

Hitler ficou muito impressionado com a visão de Steiner. Mas, na verdade, o nazista distorceu a proposta do filósofo, numa interpretação absurda. A obra de Steiner foi tão descontextualizada pelos nazistas que alguns chegaram a dizer que ele era antissemita. Na verdade, o filósofo participava de uma liga contra o antissemitismo. Provavelmente a confusão venha de um livro publicado em 1920 pelo antroposofista Karl Heise, chamado Entente-Freimaurerei und Weltkrieg (Maçonaria-entente e a Primeira Guerra). O livro era resultado de palestras de Steiner sobre história contemporânea. O texto caracterizava a Primeira Guerra como "tempestade punitiva" e declarava que o presidente americano, Wilson, e Lênin eram imbuídos de poderes místicos que se opunham à missão espiritual da Alemanha. O livro fala também de uma conspiração maçônica britânica contra a Alemanha e cita Guido von List. Foi o que bastou para alguns nazistas adotarem seu argumento. No entanto, logo as diferenças entre as ideologias de Steiner e de Hitler ficaram patentes. Não muito depois de chegar ao poder, os nazistas fecharam as escolas Waldorf e perseguiram os seguidores da antroposofia.

Rudolf Steiner

O jovem **Hitler** era um **entusiasmado** leitor da Ostara, quando vivia em **Viena**. A revista era **carregada** de antissemitismo e de **ideias** sobre a **superioridade** germânica. Liebenfels **publicava** no **periódico** ideias como a de que **Cristo** era um iniciado **ariano** que havia se **posionado** contra as **forças** obscuras representadas pelos sacerdotes **judeus**

NAZISMO

O que foi, quando surgiu e como ganhou força o Nacional Socialismo Alemão

Divulgação/ Discovery Networks

Multidão de nazistas no Festival da Colheita, em Buckeberg, 1937

O final da Primeira Guerra Mundial e o início da Segunda não constituíram uma época de paz, como se poderia imaginar. O historiador inglês Eric Hobsbawm chama o período que vai de 1914, início do maior conflito militar até então vivido, a 1945, quando o Japão se rendeu pondo um fim a essa época, de "Guerra dos 31 anos". Para esse grande autor inglês, não houve um tempo de paz, mas um breve interlúdio, como o intervalo entre o primeiro e o segundo tempo de um jogo.

A tensão era provocada, principalmente, pelas divisões étnicas e sociais resultantes da Primeira Guerra. O final das beligerâncias redesenhou as fronteiras europeias. As novas divisões territoriais trouxeram descontentamento e aumentaram a rivalidade. Em grande parte da Europa, a crise econômica mundial iniciada em 1929 e o temor de uma revolução comunista – como a que tomou a Rússia – pintaram o quadro com cores ainda mais pesadas. Como resultado, parte do continente, com exceção das monarquias do Norte e da Europa Ocidental, foi tomado por regimes autoritários. Portugal, Espanha, Itália, Rússia, Alemanha, entre outros, passaram a ser governados por ditaduras. Na Alemanha, porém, o regime de ultra-direita que se impôs, o Nazismo, ou Nacional Socialismo, se revelaria o mais arbitrário de todos, lançando o mundo numa guerra mundial e criando até mesmo campos de extermínio para eliminar populações indesejadas.

TENDÊNCIA

Apesar da associação que sempre se faz entre o Nazismo e a Alemanha, muitas características desse regime não são exclusivamente alemãs. No início, os nazistas eram chamados de fascistas e se inspiravam em Benito Mussolini. A tentativa frustrada de Hitler de tomar o poder em 1923, num golpe que ficou conhecido como o "Putsch da Cervejaria", seguido de uma marcha em Berlim, foi inspirado na bem-sucedida marcha que Mussolini fizera em Roma em 1922. Na verdade, o fascismo italiano inspirou diversos movimentos em toda a Europa – até mesmo na França, na Bélgica e na Grã-Bretanha.

O final da Primeira Guerra viu surgir diversas organizações fascistas ou nacionalistas autoritárias. Todos esses movimentos tinham algumas características comuns, igualmente típicas do Nacional Socialismo. Todas abraçavam um nacionalismo radical, tinham hierarquias militares, pregavam e lançavam mão da violência, cultuavam um líder carismático, desprezavam as liberdades individuais e os direitos civis, possuíam orientação antidemocrática e anti-socialista e se recusavam a socializar as indústrias. O historiador Raffael Scheck, professor do Colby College, em Maine, EUA, julga que esses movimentos, "conforme revelam em particular sua organização militar e a inclinação à violência, foram um fenômeno do pós-guerra, aparentemente inspirado pelo cruel derramamento de sangue no conflito e pela dissolução dos valores morais".

Curiosamente, esses sistemas autoritários foram mais predominantes entres os países que perderam a Primeira Guerra, como a Alemanha, a Rússia e a Hungria, e outros, como a Itália, que se viram prejudicados pelo conflito. Entretanto, nem todos esses movimentos chegaram ao poder, mas alguns receberam o apoio dos nazistas depois da ocupação de seus países e tiveram um importante papel como satélites do Nacional Socialismo. É o caso dos fascistas húngaros e croatas, que lutaram ao lado dos alemães durante a Segunda Guerra.

Apesar das características comuns a esses movimentos, o racismo e o antissemitismo foram fenômenos exclusivamente nazistas, não presentes no fascismo italiano. Os nazistas acreditavam que os judeus pretendiam dominar o mundo através dos controles financeiro, industrial e editorial, a chamada "subversão judaica" e, por isso, deviam ser combatidos – um conceito que, ao longo do regime nazista, deu origem à "solução final", o extermínio dos judeus. A ideologia racista era de tamanha importância para Hitler e para a elite nazista que é quase impossível dissociar o Nacional Socialismo dela.

IMPÉRIO ALEMÃO

O Nazismo se desenvolveu ao redor das crenças políticas de Adolf Hitler. Embora as inclinações do Führer quase sempre tenham surgido das circunstâncias e das necessidades do momento, os principais bordões do criador do Nazismo eram o antissemitismo, o anticomunismo, o antiparlamentarismo, expansão da Alemanha e a crença na superioridade da raça ariana. Hitler misturou esses elementos e determinou o conceito fundamental do Nazismo, uma paranoia que se tornou coletiva, sustentando que o povo alemão estava ameaçado pela conspiração judaico-bolchevique e, por isso, precisava se unir, se disciplinar (sob a liderança nazista, claro) e se sacrificar para vencer.

Grande parte da ideologia nazista está descrita no Mein Kampf, a biografia que Hitler escreveu quando esteve preso durante um ano, depois do malfadado Golpe da Cervejaria. No entanto, o escopo de sua orientação política já tinha sido desenvolvido quando vivera em Viena, entre 1907 e 1913. Ele concluiu que existia uma hierarquia racial, religiosa e cultural. No topo, segundo Hitler, estariam os arianos e, no grau mais baixo, os judeus e os ciganos. Sendo austríaco e tendo vivido os momentos de agonia do Império Austro-Húngaro, o futuro Führer julgou que as diversidades étnicas e lingüísticas haviam enfraquecido o império. E também entendeu que a democracia era uma força desestabilizadora, uma vez que esse regime concede poder às minorias.

A principal instância do Nazismo é a superioridade ariana. Todas as ações nazistas eram no sentido de promover a supremacia dos germânicos em detrimento de outros povos. Os mais fracos deveriam ser aniquilados, submetidos pelos mais fortes, isto é os germânicos, donos do suposto direito natural de dominar as outras etnias. Para tanto, os nazistas defendiam um governo centralizado num führer, ou "líder", em alemão, que defenderia os povos germânicos contra o comunismo e a subversão judaica.

Entre outras obras, a filosofia racial nazista foi influenciada principalmente pela Teoria da Invasão Ariana, de Alfred Rosenberg (1893 – 1946), um dos primeiros membros e mentor intelectual do Partido Nacional Socialista. A teoria de Rosenberg coloca os antigos arianos no Irã. De lá, eles teriam invadido a civilização do Vale do Rio Indo, na atual Índia, para onde levaram conhecimentos científicos que haviam preservado de Thule, uma civilização ariana antediluviana ligada à perdida Atlântida. Na verdade, a maioria dos fundadores e líderes do Partido Nazista fazia parte da Sociedade Thule, que promovia rituais baseados nessas crenças.

De uma maneira que faz lembrar a divisão de castas que os invasores arianos impuseram na sociedade hindu, quando invadiram a Índia, Hitler sustentava que uma nação é a maior criação de uma "raça". Para ele, as grandes nações foram desenvolvidas pelas raças "com boa saúde natural e traços agressivos, corajosos e inteligentes". As nações fracas, afirmava o Führer, eram compostas de "raças mestiças" ou "impuras". Os piores de todos, porém, eram os "subumanos", considerados "parasitas" ou "vida que não merece a vida". Entre eles estavam os povos sem nação, como os judeus e os ciganos, e também testemunhas de Jeová, homossexuais e deficientes físicos.

Os judeus – e os eslavos – foram o principal foco da perseguição nazista. O antissemitismo se baseava na crença de que os judeus fomentavam, em geral, a divisão das nações e, em particular, dos alemães. Esse preconceito se baseava não só em premissas raciais, mas igualmente na propaganda nazista, que sustentava que os judeus pregavam a plutocracia – o sistema político em que o poder é exercido pelos mais ricos – e exploravam os trabalhadores.

Os nazistas também acreditavam que as grandes nações se destacam por conta do seu poder militar e da manutenção da ordem interna. Para cativar o povo alemão, eles exploraram o revanchismo que dominou aquele país depois da derrota na Primeira Guerra. Grande parte da população foi seduzida pela ideia – e se comprometeu com ela – de criar uma Grande Alemanha, que incluiria a Áustria. Os nazistas, por sua vez, pregavam que, para atingir essa meta, era necessário o uso de força militar.

Hitler afirmava que os países que não conseguiam defender seus territórios não o mereciam. Acreditava que, ao contrário das "raças líderes", as "raças escravas", como os eslavos, não mereciam existir. Se uma raça superior precisasse de mais território para viver, era seu direito tomar as terras das ditas inferiores. Não só isso: a doutrina nazista pregava que era preciso eliminar as "raças parasíticas" de seu território.

A crença na necessidade de se purificar a raça germânica levou à Eugenia, uma corrente que estuda as condições mais propícias à reprodução e ao melhoramento da raça humana. Isso incluía a eutanásia involuntária dos deficientes físicos e mentais e a esterilização compulsória daqueles que sofriam de algum mal hereditário.

As experiências que Hitler viveu durante a Primeira Guerra Mundial e a Revolução Bolchevique na Rússia afetaram igualmente seu ponto de vista político. A derrota da Alemanha, país pelo qual o Führer combateu, e a consequente queda da monarquia foram uma humilhação que ele tomou como algo pessoal. A chegada dos comunistas do poder na Rússia, por sua vez, teve um efeito dominó sobre o proletariado europeu de forma geral. A reação veio na forma de regimes de ultra-direita, entre eles o Nazismo.

O nacionalismo exacerbado preconizado pelo Nacional Socialismo buscava atingir a supremacia ilimitada. O objetivo era construir um império mundial dominado pelos povos alemães. Essa ideia é um dos conceitos centrais do Mein Kampf, traduzido no lema "um povo, um império, um líder". O povo devia estar a serviço do império, ou reich. Na verdade, o termo "Nacional Socialismo" deriva desse relacionamento entre o cidadão e a nação. O "socialismo" dos nazistas se referia às obrigações dos indivíduos para com o reich. Todas as ações – até mesmo a maternidade – deviam ser realizadas a serviço do império nazista.

> O final da Primeira Guerra viu surgir diversas organizações fascistas ou nacionalistas autoritárias. Todos esses movimentos abraçavam um nacionalismo radical, tinham hierarquias militares, pregavam e lançavam mão da violência, cultuavam um líder carismático, desprezavam as liberdades individuais e os direitos civis, possuíam orientação antidemocrática e anti-socialista e se recusavam a socializar as indústrias

COM O PODER NAS MÃOS

Adolf Hitler assumiu o poder em 1933 e logo transformou a Alemanha num Estado totalitário. Todos os direitos civis foram suspensos, os partidos políticos dissolvidos, as greves proibidas e os sindicatos fechados. Com plenos poderes, o Führer partiu para erradicar tudo que não fosse alemão da cultura, das instituições e da economia do novo Estado. E sua ira foi dirigida aos judeus, que, juntamente a outras minorias, tiveram seus bens confiscados e foram declarados inimigos do Estado, perseguidos, e expulsos do país.

Mas, ao mesmo tempo em que esmagava o operariado e os judeus, Adolf Hitler não deixou de agradar os principais setores da sociedade alemã. A indústria pesada e os grandes negócios permaneceram intocados, a não ser pela remoção dos administradores e proprietários judeus. O líder nazista chegou mesmo a nomear industriais proeminentes para posições de poder dentro do seu governo. Na verdade, o setor industrial ficou plenamente satisfeito com os nazistas, uma vez que eles haviam colocado o Partido Socialista na ilegalidade e restringido os sindicatos.

O exército também apoiou a ditadura nazista. Além da promessa de intensificar o rearmamento, Hitler pôs um fim à ameaça comunista que pairava sobre a Alemanha desde o fim da Primeira Guerra.

Divulgação/ Discovery Networks

Marcha de oficiais nazistas assistida por soldados

Para Hitler, as grandes nações foram desenvolvidas pelas raças "com boa saúde natural e traços agressivos, corajosos e inteligentes". As nações fracas, afirmava o Führer, eram compostas de "raças mestiças" ou "impuras". Os piores de todos, porém, eram os "subumanos", considerados "parasitas" ou "vida que não merece a vida". Entre eles estavam os povos sem nação, como os judeus e os ciganos, e também testemunhas de Jeová, homossexuais e deficientes físicos

Por volta da metade de 1933, quase todos os grupos da sociedade alemã ou haviam sido reprimidos ou estavam mais ou menos satisfeitos. A economia havia retomado o crescimento já no final do ano anterior e a mordaça colocada nos sindicatos possibilitou que os industriais retomassem seus lucros – ao custo dos trabalhadores. Apesar de os nazistas receberem o crédito pela retomada da expansão econômica, isso se devia menos à sua política do que à tendência mundial e às medidas tomadas nos governos anteriores. O desemprego havia diminuído e o terror que assolou a Alemanha na década de 1920 recrudescia. De certa forma, os eleitores que votaram em Hitler esperando lei, ordem e a retomada do crescimento econômico sentiam que tinham feito a escolha certa. Os alemães que não eram nem judeus nem socialistas puderam voltar a viver como antes da Primeira Guerra.

Em suma, o objetivo do Nazismo era basicamente reestruturar a sociedade alemã de acordo com categorias raciais. Trata-se de uma ideologia assassina e egoísta criada por uma raça que se dizia "escolhida" e que se sustentaria em detrimento de todos os outros seres humanos.

Hitler desfilando em carro aberto, em Nuremberg (1938)

Foto: Divulgação/ Discovery Networks

Adolf Hitler assumiu o poder em 1933 e logo transformou a Alemanha num Estado totalitário. Todos os direitos civis foram suspensos, os partidos políticos dissolvidos, as greves proibidas e os sindicatos fechados. Com plenos poderes, o Führer partiu para erradicar tudo que não era alemão da cultura, das instituições e da economia do novo Estado

NEONAZISMO

Mesmo com o fim do regime nazista depois da Segunda Guerra, os ideais do Nacional Socialismo continuaram – e, infelizmente, continuam – vivos. Em todo o mundo, há grupos neonazistas buscando reviver o regime que dominou a Alemanha de 1933 a 1945. Apesar da distância cultural e geográfica que os separa, os neonazistas de hoje têm em comum o culto a Hitler, o antissemitismo, o nacionalismo, a crença na superioridade dos brancos e, consequentemente, o racismo, a xenofobia, o militarismo e a violência. Os neonazistas, claro, também adotaram os símbolos do Partido Nacional Socialista. A suástica continua sendo seu principal estandarte.

Eles se unem em torno da perseguição dos estrangeiros. Na Europa, diversos grupos com essa orientação política, como o Movimento Social Fascista, na Itália, ou a Frente Nacional, na França, valem-se da via parlamentar para dar força às suas reivindicações.

E nem mesmo o Brasil, país mestiço por natureza, está livre dos neonazistas. Em São Paulo e no Sul do País, os skinheads e white powers, grupos que adotam essa ideologia, promovem ataques físicos e verbais contra migrantes nordestinos e judeus.

MUSSULONI: A INSPIRAÇÃO DE HITLER

O ditador de origem humilde, que passou a infância em uma pequena aldeia da península itálica, sem qualquer perspectiva futura, tornou-se o principal inspirador do regime nazista

Benito Mussolini, o ditador da Itália entre 1925 e 1943, foi o “inventor” de um regime que viria a inspirar o nazismo e “incendiar” a Europa na pior guerra que já assolou o continente. Influenciado por Hitler, mergulhou seu país em uma grande crise. Os italianos, porém, não esqueceram o responsável pelo desastre.

Benito Amilcare Andrea Mussolini nasceu em 29 de julho de 1883, em Predappio, no norte da Itália. Filho de um ferreiro, ele vivia em uma pequena aldeia, sem perspectivas futuras. Em 1902, Benito emigrou para a Suíça, onde teve contato com movimentos socialistas. Quando voltou para a Itália, dois anos depois, atuou como jornalista na imprensa socialista e destacou-se aos olhos das autoridades por conta das suas investidas contra o clero.

Em setembro de 1915, Mussolini foi convocado pelo exército italiano. Durante a Primeira Guerra, foi um soldado exemplar, embora não tenha se destacado pelo heroísmo. Muitos acreditam que ele não obteve uma promoção no exército por causa dos cáusticos textos revolucionários que publicara como jornalista antes do conflito. Sua carreira militar foi breve, interrompida pela explosão de um morteiro na trincheira onde lutava. Ferido, foi internado em um hospital e deu baixa em agosto de 1917.

Apesar de voltar a escrever e a editar jornais socialistas, após a guerra, Mussolini se afastou dessa orientação política. Em 1918, ele já anunciava a necessidade de um líder "forte e enérgico o bastante para fazer uma limpeza" na Itália. Em alguns discursos que pronunciou naquele ano, dava a entender que ele era o homem capaz de devolver a ordem ao país. E para dar ação às palavras, em março de 1919, Mussolini fundou o Partido Fascista, o qual contou desde o início com o apoio de veteranos de guerra desempregados.

O futuro ditador organizou seus correligionários em esquadrões armados, logo apelidados de "camisas negras" por conta da cor do uniforme. A estratégia política era tão simples quanto brutal: intimidar os adversários pela força. Socialistas, anarquistas e comunistas eram aterrorizados sem a menor interferência do governo. A truculência surtiu efeito e o Partido Fascista Nacional, com Mussolini à frente, conquistou terreno. Em 1921, o líder do partido e mais 35 correligionários foram eleitos para a Câmara dos Deputados pela primeira vez.

O ano seguinte foi conturbado para aquele país. A Itália estava dividida entre as divergentes orientações políticas e, por volta do mês de outubro, a nação estava prestes a mergulhar no caos que assombrava toda a península.

Numa demonstração de força e disciplina, os Camisas Negras marcharam pelas ruas de Roma. Benito se apresentou como o único homem capaz de restaurar a ordem. O rei Victor Emanuel negou seu apoio ao então primeiro-ministro Luigi Facta e empossou Mussolini. O líder fascista tinha o apoio dos militares, da burguesia e da direita liberal.

Como primeiro-ministro, Mussolini "manobrou" em causa própria. Usando a característica arma da intimidação, gradualmente desmontou as instituições que garantiam a democracia. Em 1925, diante dos protestos que a oposição fazia à violência dos Camisas Negras, Mussolini aproveitou a desordem e se declarou ditador com poderes absolutos, adotando o título de Il Duce, ou "O Condutor". A milícia do Duce garantiu a ditadura à força, atacando e espancando qualquer um que ousasse se opor a ela. O regime imposto à Itália se caracterizou pelo forte controle do Estado sobre todos os aspectos do país e pelo culto à personalidade do ditador. Sem ter um programa definido, o fascismo evoluiu em um sistema político que combinava o totalitarismo, o nacionalismo, o anticomunismo, o anticapitalismo e o antiliberalismo, dando forma a um Estado que procurava unir todas as classes por meio de um sistema corporativista, batizado de Terceira Via. Nesse sistema, o Estado assumia controle de áreas-chave da economia e da produção industrial. Em 1935, segundo declaração do próprio ditador, três quartos de todas as empresas italianas pertenciam ao Estado.

Mussolini era um ditador-biônico, daqueles que assumem vários ministérios simultaneamente. Em certas ocasiões, chefiava até oito pastas ao mesmo tempo, além de encabeçar a polícia secreta fascista, a OVRA. Mestre da propaganda política, Il Duce não hesitou em lançar mão de seu treinamento como jornalista para convencer os italianos e o mundo de que o fascismo era a doutrina definitiva, destinada a suplantar o liberalismo e a democracia como forma mais evoluída de governo. Jornais, rádios, filmes e mudanças nos programas educacionais eram usados para ufanar Il Duce.

A política internacional de Mussolini buscava projetar a Itália como potência no cenário mundial. Para tanto, escolheu a via do imperialismo. Em 1935, depois de atacar Corfu, na Grécia, e submeter esse país às suas exigências, Benito invadiu a Absínia, atual Etiópia, e a incorporou ao Império Italiano que planejava formar. A campanha etíope foi bárbara. Mussolini autorizou o uso de gás mostarda e o massacre indiscriminado da população para evitar qualquer oposição. Rebeldes eram lançados de aviões em pleno voo; outros tinham seus corpos mutilados pelos italianos.

Durante a Guerra Civil Espanhola, Benito forneceu apoio militar a Franco, ajudando a consolidar o franquismo. Sua colaboração com a Alemanha nazista culminou, em 1939, com o Pacto de Aço, o qual criou o "Eixo" Roma-Berlim. Influenciado por Hitler, o ditador italiano introduziu uma legislação antissemita em seu país. A nova lei impedia que os judeus ocupassem cargos no governo e que se casassem com italianos.

Em abril 1939, perseguindo seus ideais imperiais, Il Dulce invadiu a Albânia, antes mesmo de Hitler tomar a Polônia, o que viria a acontecer em setembro daquele ano, evento que lançou a Europa na guerra. Foi só em junho de 1940 que o ditador italiano declarou guerra à Grã-Bretanha e à França. Il Duce não tinha, porém, cacife para enfrentar os inimigos. Seu exército ficou prejudicado pela falta de suprimentos. A Itália entrou no conflito quase sem tanques. Havia poucos uniformes, alimentos e veículos. Faltavam matérias-primas para as fábricas produzirem as armas e munições necessárias para os combates. Apesar das vitórias iniciais, os italianos amargaram uma série de derrotas na África Oriental e nos Bálcãs.

Em julho de 1943, as tropas aliadas tomaram a Sicília. Prevendo o fim iminente, os membros do seu próprio governo destituíram e prenderam Mussolini. Em setembro daquele ano, a Itália assinava um armistício com os Aliados. O exército se dissolveu, mas alguns italianos decidiram continuar uma guerra de partisans, isto é, de forças irregulares, contra a Alemanha.

Esse, porém, não era o seu ato final; Mussolini voltaria à cena, ainda que brevemente. Em resposta à invasão das forças aliadas, o exército alemão também começou a ocupar a Itália. Nesse processo, Mussolini foi libertado pelos alemães e recolocado como líder do novo Estado sustentado pelos nazistas, a República Socialista Italiana. Mas ele não tinha autonomia alguma. Era apenas um títere colocado a serviço dos nazistas num país em ruínas. Durante o pouco tempo em que recuperou o poder, não fez mais do que executar os antigos associados que o traíram, entre eles seu genro, Galezzo Ciano, e escrever suas memórias. À medida que os Aliados avançavam por meio da península itálica, Mussolini e sua amante, Clara Petacci, tentaram fugir para a Suíça, mas foram capturados por partisans e fuzilados em 28 de abril de 1945. O corpo do Dolce e o da amante foram levados a Milão e, depois de pendurados em ganchos de açougue, expostos em praça pública, onde foram apedrejados, escarrados e violados. Os italianos descontaram no cadáver a destruição da Itália, liderada por um ditador irresponsável.

SÍMBOLOS NAZISTAS

Envoltos em misticismo e confusas crenças, eles ajudavam a entorpecer as massas

Por Claudio Blanc

Divulgação/ Discovery Networks

A mente de Hitler conhecia e venerava o poder dos símbolos, tanto que Adolf lançava mão desse meio para comover e incitar as massas. Através da linguagem simbólica, o ditador fortaleceu a identidade germânica, criando um incrível elo. Conforme o escritor Pablo Gimenez Cores, "os símbolos nazistas, antes de tudo, refletiam a mentalidade de impulsores do renascimento da arianidade". Runas, cultura bramânica e maniqueísta imprimiam no nazismo um caráter místico e mitológico. Era uma expressão exacerbada da busca pela glória germânica. Esses símbolos, além de inspirar os princípios do nazismo, visavam a despertar o patriotismo e incitar todos a fazer tudo pelo país. Tudo mesmo. Hitler considerava o povo mera "massa de servidores", sem capacidade para decidir e, muito menos, governar.

A maior parte do simbolismo nazista deriva da crença do Führer em sua missão e na da Alemanha, o que acabou gerando um culto, o do "misticismo nazista". Trata-se de uma subcorrente que, além do elemento político, traz instâncias de ocultismo, esoterismo, cripto-história e paranormalidade. Era uma seita difundida no alto escalão do partido e seguida por nomes importantes como Rudolf Hess e Heinrich Himmler. Tratava-se da justificativa mística necessária para selar o destino do povo ariano e do Terceiro Reich – alçados à glória por, obviamente, Adolf Hitler.

Por essas e outras, a figura do grande ditador era revestida de uma importância religiosa. Ele era visto como um semideus pelos adeptos do misticismo nazista. A seita seguia, a ariosofia, isto é, a sabedoria oculta dos arianos. A temível SS, composta pelos oficiais da elite nazista, funcionava como uma sociedade secreta, com iniciações e transmissão de ensinamentos e símbolos. Era estruturada nos moldes da ariosofia, tanto que seu próprio estandarte reflete isso. Deriva de um dos principais conhecimentos dessa tradição: as runas.

Os **símbolos**, além de inspirar os **princípios** do **nazismo**, visavam a despertar o patriotismo e **incitar** todos a fazer tudo pelo país. **Tudo** mesmo. Hitler **considerava** o povo mera "massa de servidores", sem **capacidade** para **decidir** e, muito menos, **governar**

Ilustração: Fábio Mattos

RUNAS

Além de ter sido guerreiros ferozes e de ter ficado famosos pelos atos de barbárie, os povos nórdicos, dos quais os alemães descendem, eram tremendamente místicos, sempre respeitando os desígnios dos deuses. Qualquer coincidência com o regime perpetrado por Adolf Hitler não é acaso. O ditador refletia e adotava os costumes dos antigos germânicos, e o uso das runas – às quais somente os iniciados tinham acesso – foi uma marca desse revival do arianismo. E, para conhecer os desejos e as tramas dos imortais, nada melhor do que usar um método criado pelos seus ancestrais, um oráculo que os sacerdotes nórdicos lançavam mão: as runas. Trata-se de um tipo de alfabeto, cujas letras também são símbolos mágicos, cada uma tem um nome significativo

A figura do grande ditador era revestida de importância religiosa. o Führer era visto como um semideus pelos adeptos do misticismo nazista. A seita seguia a ariosofia, isto é, a sabedoria oculta dos arianos. A temível SS, composta pelos oficiais da elite nazista, funcionava como uma sociedade secreta, com iniciações e transmissão de ensinamentos e símbolos

e um som respectivo. As runas foram empregadas na poesia, em inscrições e como oráculo. Cada runa é vinculada a um deus celeste, como o Sol e a Lua.

Como os nórdicos acreditavam que e las tinham poderes sobrenaturais, as runas eram gravadas nas armas dos guerreiros, em pedras comemorativas e em monumentos funerários. Dessa forma, elas ofereciam proteção. Mas as runas também eram usadas para evocar a vingança e predizer o futuro. Os símbolos mágicos eram inscritos em pedra, madeira ou couro e usados pelos xamãs nórdicos em feitiços e para acessar o mundo sobrenatural. As runas evocavam, também, os ciclos do homem. Através delas, o runemal, aquele que lia as runas, tinha um sistema de autoconhecimento. Esse oráculo é muito antigo. O historiador grego Heródoto, ao viajar pelo Mar Negro, encontrou xamãs que "se enfiavam debaixo de cobertores, fumavam até ficar em uma espécie de transe e, então, lançavam gravetos no ar, 'lendo' seu significado quando caíam no chão". Para o pesquisador Ralph Blum, autor de O Livro de Runas, "esses gravetos eram, provavelmente, uma forma primitiva de runas". Mas a arte do runemal – a interpretação das runas – se perdeu no tempo. Embora esse conhecimento secreto fosse passado através de iniciação pelos mestres rúnicos do passado, seus segredos não foram registrados e, se foram, não chegaram até nós.

Os últimos runemais foram mestres islandeses que viveram no final da Idade Média. A sabedoria morreu com eles, e nada permaneceu, além das sagas, a requintada literatura desenvolvida pelos bardos, ou poetas nórdicos. Hoje, embora muitos consultores espirituais usem runas, seu método de leitura não tem nada a ver com aquele dos runemais. Provavelmente, o grafismo rúnico mais conhecido é justamente o símbolo da SS, a elite nazista. O símbolo é baseado na runa sig, associada ao sol, à vitória e à madeira de freixo, da qual se cortavam os arcos dos guerreiros. Essa runa é uma marca notória da preocupação nazista em usar letras rúnicas como símbolos arianos. No entanto, o mais famoso ícone nazista, a suástica, não tem uma origem exclusivamente ariana, mas universal.

A SUÁSTICA

A suástica evoca inevitavelmente imagens de guerra, caos, destruição, Holocausto, intolerância. No entanto, ela foi, durante milhares de anos, até Hitler, um símbolo de boa sorte, conhecido em toda a Europa, a Ásia, e até pelos índios norte-americanos. Costumava-se dizer que as pegadas do Buda eram suásticas. Cobertores dos índios navajos eram tecidos com suásticas e, pasme, sinagogas no Norte da África e na Palestina foram decoradas com mosaicos de suásticas.

As mais antigas suásticas conhecidas datam de 2.500 ou 3.000 a.C. na Índia e na Ásia Central. No norte da Europa, ela apareceu no primeiro milênio a.C. O nome suástica vem da palavra sânscrita svastika, que significa "bem-estar" e "boa fortuna". No entanto, vários autores atribuem a ela diferentes significados: da imagem do deus supremo, ao símbolo solar; da representação do raio e da água, ao símbolo do fogo; e da união do princípio masculino e feminino. De fato, o significado da suástica parece variar com o tempo e o lugar, as associações com outros elementos e os diferentes objetos em que surge representada. Em uma antiga lápide cristã, por exemplo, o símbolo aparece em destaque e com maiores dimensões que o crísmon – o monograma de Cristo –, sugerindo uma importância maior. Talvez isso tenha a ver com o fato de a suástica já ter sido usada como símbolo do coração do próprio Jesus, o que, neste caso, estaria representando.

Mas como foi que um símbolo de tão bons desígnios tornou-se sinônimo da cega barbárie de um regime intransigente? Segundo Steven Heller, diretor de arte do The New York Times Book Review e autor de The Swastika: Symbol Beyond Redemption (A Suástica: Símbolo além da Redenção) tudo começou em 1914, quando o Wandervogel, um movimento juvenil alemão, a transformou em seu emblema nacionalista. Em 1920, o Partido Nazista a adotou. Em Mein Kampf (Minha Luta), Hitler descreveu seu "esforço para encontrar o símbolo perfeito para o partido", foi quando teve a ideia de usar as suásticas. Mas foi o dentista Friedrich Krohn quem desenhou a bandeira com a suástica no centro. "A maior contribuição de Hitler", pensa Heller, "foi inverter a direção da suástica" para que ela parecesse girar no sentido horário. Isso levou muitos a afirmar que Adolf era um "feiticeiro negro", uma vez que estes costumam usar símbolos religiosos invertidos em suas práticas mágicas. Em 1946, a exibição pública da suástica nazista foi proibida constitucionalmente na Alemanha.

O TE
REIC

Juventude Hitlerista em desfile nas ruas de Soltau, em setembro de 1937

RCEIRO CH

Como funcionava e como era a vida no império de Hitler

O Terceiro Reich, o império germânico constituído por Adolf Hitler e pelos nazistas, é quase sempre visto como a ditadura de Hitler. Praticamente toda a propaganda estava centrada no Führer, uma vez que sua popularidade sempre foi maior do que seu partido, o exército ou qualquer outra figura pública ou instituição. Como o partido nazista havia sido fundado sobre um rígido "princípio de liderança", isto é, de absoluta obediência ao líder, a posição de Adolf Hitler era intocada. E, desde o início, o regime buscou estender essa obediência cega ao exército, ao poder judiciário, ao serviço público e a todas as esferas da vida pública e da privada. O Führer era sempre a maior referência.

Alguns historiadores, porém, argumentam que um homem não conseguiria fazer tanto sozinho. Então, como funcionava o Terceiro Reich? Sem dúvida, o ditador nazista era a principal engrenagem dessa máquina. O império era constituído de quatro blocos de poder que funcionavam mais ou menos independentemente uns dos outros. Mais ainda, eram forças concorrentes, competindo entre si. Havia o partido nazista com todas as suas organizações, como a SS; havia o aparato do Estado, o setor econômico e o exército. O cientista político alemão Karl Bracher, um dos maiores estudiosos do Nazismo, sustenta que Hitler obteve seu poder por causa das disputas entre as instituições do Estado e do partido. O Führer era um mediador, uma figura que tramitava em todas as esferas rivais de poder, e mantinha o Terceiro Reich funcionando. Oficiais do exército, membros do partido nazista e do funcionalismo público, empresários e industriais competiam entre si para conquistar o apoio de Hitler com relação às medidas que propunham. Como os britânicos na Índia, Adolf "dividia para governar".

Em termos constitucionais, o Terceiro Reich era igualmente vago. Apesar de a Constituição de Weimar – a magna carta que pautou a República de Weimar (1919 – 1933), constituída depois da derrota alemã na Primeira Guerra – ter continuado em vigor, era ignorada quase inteiramente. A vontade do Führer, o novo Kaiser, era a lei mais forte. De fato, ao longo do Terceiro Reich, o controle de Hitler sobre as forças amadas e a economia aumentou. A SS, a máquina repressora que fazia valer as ordens do ditador, assumiu controle cada vez maior sobre o aparato do Estado.

Outra importante instituição do império nazista foram as igrejas. Nos 12 anos do reich, elas não foram perturbadas pelos governantes. Na verdade, durante a Guerra, foram usadas como um fator a levantar o moral dos alemães. Dessa forma, as igrejas puderam manter alguma autonomia, uma vez que não combatiam o regime.

A VIDA NO TERCEIRO REICH

De modo geral, a maior parte dos alemães não percebia o regime de Hitler como uma ditadura repressiva. Os que não se importavam muito com política ou mesmo aqueles que não gostavam dos nazistas podiam levar suas vidas de um jeito mais ou menos normal, até durante a Guerra, desde que não fossem, claro, judeus ou comunistas.

O regime buscou agradar os trabalhadores, que ganhavam mal e trabalhavam muito, com programas educacionais e de lazer. O partido procurava assegurar a lealdade do povo através da propaganda. Com essa poderosa arma, os nazistas instilaram nos trabalhadores um senso de orgulho social. Eram considerados heróis em seus locais de trabalho, proclamados como um dos pilares do Terceiro Reich. Os programas de lazer davam a oportunidade de viajar. Sob os auspícios de Hitler, os trabalhadores podiam passar as férias na Itália, na Escandinávia ou na própria Alemanha. Além disso, o Führer prometeu um carro popular a cada um. O Volkswagen, que quer dizer justamente "carro do povo", deveria custar 999 marcos. Sem dúvida, foi o maior sucesso de Adolf Hitler não só na Alemanha, mas em todo o mundo.

O ditador também prometeu casas individuais com um pequeno pedaço de terra para os trabalhadores. Na verdade, era uma tentativa de descentralizar os operários. Estando todos morando numa mesma área, podiam se mobilizar e tramar contra o regime. As organizações nazistas também ofereciam ao operariado oportunidades para melhorar sua educação e posição social.

A guerra acabou invertendo as prioridades. Poucos alemães conseguiram seu Volkswagen ou sua casa durante o Terceiro Reich. Mesmo assim, as políticas sociais do regime foram bem-sucedidas. Muitos trabalhadores achavam que os nazistas tinham feito bastante por eles. Organizações do partido, como a SS, ofereciam carreiras promissoras e astronômicas a muita gente com pouco estudo ou dinheiro. Alguns historiadores chegam a falar de uma "revolução social" promovida pelo Terceiro Reich.

O Führer era um mediador, uma figura que tramitava em todas as esferas rivais de poder, e mantinha o Terceiro Reich funcionando. Oficiais do exército, membros do partido nazista e do funcionalismo público, empresários e industriais competiam entre si para conquistar o apoio de Hitler com relação às medidas que propunham. Como os britânicos na Índia, Adolf "dividia para governar"

Divulgação/ Discovery Networks

A popularidade de Hitler sempre foi maior que seu partido, o exército ou qualquer outra figura pública ou instituição

Os trabalhadores rurais também recebiam atenção especial. O regime de Hitler bajulava os camponeses e fazendeiros, afirmando que ocupariam um papel central no futuro Estado ariano. A ideologia nazista pregava que o trabalho agrícola era saudável para a constituição da raça e que representava o futuro. Embora fascinados pela tecnologia moderna, os homens do partido desejavam criar um Estado predominantemente agrícola, baseado na relação "raça e solo".

O sucesso de organizações como a Juventude Hitlerista e da sua versão para meninas, a Bund Deutscher Mädel, também foi decisiva na conquista da lealdade ideológica entre os jovens. As sociedades femininas e vários outros clubes promovidos pelo Partido Nazista buscavam organizar o povo alemão de acordo com sua ideologia.

MULHERES

Como diversos aspectos do regime, as políticas nazistas para a mulher eram igualmente contraditórias. Em termos de ideologia, elas deveriam cuidar do lar e – em especial – ter tantos filhos quanto possível. As mães com quatro ou mais filhos recebiam medalhas e honras semelhantes às dos veteranos de guerra. Seu papel como genitoras de crianças de raça superior era essencial. As organizações promovidas pelo partido para mulheres e meninas instilavam nelas um sentido de missão e de importância.

Por outro lado, por conta de seu papel como "rainhas do lar", muitas mulheres profissionalmente ativas eram pressionadas para deixar seus trabalhos. Os empregos que exigiam educação ou conhecimento ficaram praticamente todos nas mãos dos homens. Essa orientação, porém, não era impopular entre a população feminina, pois o status de mãe foi valorizado e estimulado.

No entanto, com a evolução do Terceiro Reich, essas políticas reacionárias entraram em conflito com as necessidades de uma economia voltada para o rearmamento. Por volta de 1938, havia falta de mão-de-obra na Alemanha; E, então, as mulheres passaram a ser estimuladas a engrossar a força de trabalho do país. Em 1939, quase metade delas com idade para trabalhar estava empregada. Durante a Guerra, apesar de os nazistas usarem trabalho escravo para tocar suas indústrias, o número de mulheres empregadas aumentou ainda mais. Com a elevação do status e sua participação na força de trabalho, as mulheres do Terceiro Reich puderam gozar uma maior liberdade e independência que suas mães e avós.

OPOSIÇÃO

Durante o Terceiro Reich, o regime nazista permaneceu estável. O terror e a manipulação da opinião pública, combinados ao apoio popular ao regime e, especialmente, à figura do Führer, garantiram essa estabilidade. A máquina de horror da Gestapo, a polícia secreta de Hitler, e a popularidade do regime não deixaram muito espaço para a oposição. Muitos acreditavam que não havia alternativa ao regime nazista, pois temiam ser dominados pela União Soviética. A lembrança de ameaça de guerra civil depois da Primeira Guerra também dava a impressão de que a ordem reinava no império.

Apesar disso, havia, sim, oposição ao regime. Manter um filho fora da Juventude Hitlerista ou não deixar a filha participar da Bund Deutscher Mädel era uma forma de resistência. Outros, mais inconformados, arriscavam suas vidas para se opor ao Nazismo. Os comunistas organizaram uma resistência, embora enfrentando dificuldades extremas. Durante os 12 anos que durou o Terceiro Reich, cerca de 20 mil comunistas foram assassinados pela Gestapo. Milhares de alemães étnicos foram mortos ou mandados para campos de concentração por atos de desafio, como esconder um judeu, ouvir uma estação de rádio estrangeira, duvidar de que a Alemanha venceria a guerra, fazer piadas sobre o regime ou pichar um muro com declaraçoes contrárias ao Nazismo.

Apesar da dura repressão, algumas pessoas promoveram ações radicais. Georg Elser, um artesão do sul da Alemanha, tentou matar Hitler em novembro de 1939. Elser foi preso e enviado ao campo de concentração de Dauchau. Em 1945, quando as tropas aliadas estavam se aproximando do local e a derrota alemã era certa, o vingativo Führer ordenou a execução de Elser sem julgamento. Tinha 42 anos. Outra pessoa notável a se opor individualmente ao Terceiro Reich foi o padre católico Bernhard Lichtenberg, que rezava pelos judeus na sua igreja, em Berlim. A rebeldia de Lichtenberg foi punida, e ele acabou preso em 1942 e enviado para um campo de concentração, onde morreu

Divulgação/ Still Picture Branch (NNSP) do National Archives and Records Administration (NARA)

Tropas alemãs em Varsóvia, Polônia

em 1943. Este não foi o único religioso a combater Hitler. Ainda que as igrejas da Alemanha não tenham se oposto ao Nazismo, muitos de seus membros o fizeram. Grupos de resistência, como o Bekennende Kirche, surgiram em oposição à Igreja Protestante oficial.

Mesmo entre os militares, muitos se opunham ao Führer. De fato, o círculo de resistência do exército era o mais poderoso centro de oposição. Muitos desses oficiais dispostos a derrubar o chanceler haviam cooperado com o regime ao longo de toda a Guerra, mas, quando a derrota da Alemanha ficou clara, já em 1943, perceberam que sua única saída honrosa era deter Adolf Hitler.

Em março de 1943, o general Henning von Treskow plantou duas bombas no avião que levaria o Führer de volta a Berlim depois de uma visita ao front oriental. No entanto, os artefatos, escondidos em garrafas de conhaque, nao explodiram. O plano acabou não sendo descoberto, e von Treskow pode conceber diversos outros estratagemas para matar o ditador. Como se sabe, nenhum deu certo.

A tentativa que chegou mais perto do sucesso aconteceu em 20 de março de 1944. Durante uma reunião, o conde Claus Stauffenberg, um alto oficial com acesso direto ao governante nazista, conseguiu deixar uma bomba escondida numa maleta ao lado de Hitler. Stauffenberg saiu da sala minutos antes de a bomba explodir. Entretanto, num golpe de sorte inacreditável, o Führer sobreviveu. Stauffenberg foi executado na mesma noite.

Milhares de alemães étnicos foram mortos ou mandados para campos de concentração por atos de desafio, como esconder um judeu, ouvir uma estação de rádio estrangeira, duvidar de que a Alemanha venceria a Guerra, fazer piadas sobre o regime ou pichar um muro com declarações contrárias ao Nazismo

Divulgação/ Discovery Networks

Divulgação/...re Branch (NNSP) do National Archives and Records Administration (NARA)

Tropa alemã no ataque à URSS, em 1941

Franco), permaneceram neutros. Hitler até que tentou negociar a presença espanhola ao lado das forças alemãs, mas o general Francisco Franco, após três anos de uma guerra civil que destroçara o país (guerra na qual armamentos alemães e italianos foram testados ao lado das forças franquistas), considerou inoportuna uma parti-cipação espanhola e "declinou" o convite de Hitler.

Winston Churchill, primeiro-ministro inglês nomeado em maio de 1940 e que prometeu ao povo "sangue, cansaço, suor e lágrimas", viu-se isolado e em inferioridade militar. A frente de batalha em terra, que avançou para conter as forças nazistas em conjunto com as francesas, foi rapidamente repelida e só se salvou pela retirada de Dunquerque, o que evitou o massacre e a perda de consideráveis contingentes humano e bélico ingleses. Um ano depois de iniciada a guerra, as forças antagônicas resumiam-se ao novo império alemão, que havia tomado quase todo o continente europeu, contra a pequena ilha britânica ao norte do continente. Recuado em seu território, Churchill poderia facilmente chegar a um acordo de paz com Hitler, o que foi proposto, pois o líder alemão queria formar uma frente contra a União Soviética, mas o ímpeto foi exclusivamente o de resistir, incitando o povo ao esforço de guerra e ao sacrifício. Ciente de uma derrota caso tentasse um ataque aos nazistas por terra, Churchill condensou seus esforços de guerra em desenvolver uma força aérea considerável e manter o poderio naval que, historicamente, marcou a Grã-Bretanha. Nisso consistiam suas esperanças de resistência até que algo novo surgisse no horizonte.

De fato, a resistência inglesa aos ataques de Hitler foi heróica. O ditador alemão pretendia uma invasão à Inglaterra, numa operação apelidada de "Leão-Marinho". Os ataques aéreos da Luftwaffe, a Força Aérea Alemã, intensificaram-se em julho contra navios ingleses no Canal da Mancha e, posteriormente, a diversas cidades, incluindo Londres. A Real Força Aérea Britânica (RAF) era relativamente recente e inexperiente, contando com a maioria de pilotos na base dos 20 anos, mas a tecnologia dos equipamentos, com radares eficazes, possibilitou uma guerra defensiva e de desgaste por parte dos ingleses. O combate mostrou-se decisivo para o desenrolar do conflito, pois Hitler teve de abandonar a Operação Leão-Marinho depois que viu, em agosto, aviões britânicos furarem o espaço aéreo alemão e bombardearem Berlim. Foi o primeiro grande golpe sofrido por Hitler em uma série de triunfos.

PRÓXIMO PASSO, A URSS

Apesar disso, a Grã-Bretanha tinha uma política mais defensiva, sem um efetivo de guerra que abrisse caminho para uma contra-ofensiva sobre a Alemanha. Assim, com a Inglaterra fora de controle, Hitler pôde se preparar para sua grande cartada, o objetivo maior de seu ímpeto imperialista : a "Operação Barba Roxa", ou seja, a invasão da URSS, país que, até então, estava fora do conflito pelo pacto de não-agressão. Adolf Hitler resolveu invadir a Rússia comunista, onde esperava encontrar recursos naturais e mão-de-obra escrava para o golpe final do III Reich. Este é tido como o maior erro do Führer e aquele que marcou a virada do pêndulo da Segunda Guerra.

A Europa Oriental também havia caído nas mãos do Eixo, deixando livre o caminho até a União Soviética. A ofensiva contra a URSS foi programada para 22 de junho, uma data marcante para Hitler que

> Hitler teve de abandonar a Operação Leão-Marinho depois que viu, em agosto, aviões britânicos furarem o espaço aéreo alemão e bombardearem Berlim. Foi o primeiro grande golpe sofrido pelo Führer

a conside-rava de sorte. No ano anterior, a França havia se rendido naquela data e, em 1812, fora o dia escolhido por Napoleão Bonaparte para invadir a mesma Rússia. A ideia de Hitler era a que marcou suas conquistas anteriores: uma guerra-relâmpago que pegasse o adversário de surpresa e o subjugasse o mais rapidamente possível. Previa que até setembro, antes do inverno russo, as forças de Stálin estariam dominadas e as principais cidades russas – Moscou, Stalingrado e Leningrado –, ocupadas pelos alemães.

> Hitler resolveu invadir a Rússia comunista, onde esperava encontrar recursos naturais e mão-de-obra escrava para o golpe final do III Reich. Este é tido como o maior erro do Führer e aquele que marcou a virada do pêndulo da Segunda Guerra

Mas um detalhe precisa ser colocado aqui. O sucesso de Hitler e sua independência em relação às ações que tomava irritaram Mussolini, que se sentia em segundo plano numa guerra que faziam juntos. Ressentido, o líder italiano resolveu invadir a Grécia e tomar aquele país sozinho. No entanto, as tropas italianas, uma das menos eficientes de toda a Europa, ficaram em apuros. A invasão à URSS havia, inicialmente, sido programada para maio, mas a incompetência e a inveja de Mussolini fizeram com que Hitler adiasse o ataque aos russos e dispusesse seus homens a resolver a situação na Grécia. Com isso, a "Operação Barba Roxa" acabou atrasada em cinco semanas, o que foi de fundamental importância para seu fracasso.

Mesmo assim, Hitler acreditava que um ataque conjunto pelo céu e por terra faria as forças russas capitularem sem muito esforço. Na verdade, o Führer não colocava muita fé na vontade russa de resistir. Um povo racialmente inferior (os soviéticos eram considerados eslavos, uma raça comparada aos judeus, além de comunistas) não teria a mesma força de vontade de um ariano. Com essa crença, os alemães avançaram eficazmente pelo território soviético nas primeiras semanas de combate. Prosseguiam rumo à capital russa sem muitas dificuldades, pois Stálin não esperava por essa ofensiva germânica que fragmentava a frente de batalha alemã em dois fronts – o ocidental e agora o oriental.

Mas, para a infelicidade de Hitler, as forças nazistas não conseguiram terminar a invasão antes do inverno. Subestimaram o poder de resistência do povo russo e a tática de Josef Stálin, que impôs uma política de terra arrasada (isto é, bater em retirada deixando para trás nada que pudesse ser usado pelos inimigos). Esta resolução foi fatal dentro do esquema pensado por Hitler, pois suas tropas não estavam preparadas para uma guerra mais longa do que a prevista. Não tinham levado alimentos e combustível suficientes, além de munição e vestimentas propícias para o pior inverno russo de todos os tempos. As baixas temperaturas fizeram com que as correntes dos tanques congelassem e se quebrassem, além das armas enguiçarem e necessitarem de lubrificantes constantemente.

ALIADOS CONTRA-ATACAM

Alguns comandantes do exército queriam a retirada das tropas do território russo, mas Hitler era tão implacável em seus objetivos que, muitas vezes, cegava-se para a verdade. Ordenou que continuassem a guerra até o fim. Foi quando

Pearl Harbor

Divulgação/ Still Picture Branch (NNSP) do National Archives and Records Administration (NARA)

As tropas de Hitler, na URSS, não estavam preparadas para uma guerra mais longa do que a prevista. Não tinham levado alimentos e combustível suficientes, além de munição e vestimentas propícias para o pior inverno russo de todos os tempos

chegou dezembro e, de fato, a história da guerra mudou de rumo. O exército russo deu início à sua contra-ofensiva que os levaria até Berlim, e o Japão atacou a base naval americana de Pearl Harbor em 7 de dezembro, forçando os Estados Unidos, até então fora da guerra, a entrarem no conflito. De Stalingrado, as forças alemãs começaram a cair. Em pouco mais de dois meses, meio milhão de soldados nazistas haviam morrido no combate. Sem muito pensar no que a decisão acarretaria, Hitler declarou guerra aos Estados Unidos em 11 de dezembro, assim como a Itália. O presidente Roosevelt, enfim, tinha uma motivação para entrar na guerra ao lado dos Aliados: o conflito chegava ao seu estágio global.

A partir de 1942, os rumos da guerra pareciam já ter um lado para o qual pender. A praticamente produção ilimitada dos Estados Unidos seria fundamental para minar as forças de Hitler, que buscou intensificar a produção bélica, forçando os povos conquistados a trabalharem em campos de concentração. Ao mesmo tempo, ele decidiu pela "Solução Final", começou o transporte maciço de judeus para os campos na Europa Oriental e pôs os campos de extermínio para funcionar pra valer.

A derrota da Alemanha era apenas uma questão de tempo. Na África, um dos melhores generais de Hitler, Erwin Rommel, que havia mantido as tropas inglesas no norte africano longe da batalha na Europa, encontrava o início de sua derrocada, que teria fim com a rendição em maio de 1943 na Tunísia. Hitler prendeu-se mais e mais na frente contra os russos, deixando o front ocidental descoberto. Logo forças anglo-americanas entraram no território italiano pela Sicília e o Grande Conselho Fascista da Itália exigiu a renúncia de Mussolini por sua conduta numa guerra que não levou a Itália a lugar algum. Em seguida, foi preso pelo governo provisório de Pietro Badoglio e, em 3 de setembro de 1943, a Itália assinou a rendição. Uma semana depois, Hitler enviou uma tropa para libertar Mussolini. Apesar da incompetência em termos militares, o duce italiano fascista sempre foi seu modelo e acreditava que ainda poderia ajudar na guerra. Livre, Mussolini fundou a República de Saló e prometeu ao Führer que reorganizaria a resistência fascista na Itália.

ATENTADO CONTRA HITLER

A guerra já estava perdida em quase todas as frentes de batalha. Os russos haviam tomado, aos poucos, todos os territórios ocupados pelos alemães nos dois primeiros anos de guerra. Cami-nhavam para Berlim enquanto a frente ocidental, no dia 6 de junho de 1944, via o desembarque na Normandia, fato chamado de o "Dia D". Dali, os Aliados libertariam a França e os demais países do oeste europeu. Mas, nada fazia Hitler perder as esperanças. Ele demonstrava que era a vitória total ou a derrota total. Assim, ordenou que todos continuassem a luta, até a morte, se necessário. Por mais incrível que pareça, quase nenhum alemão contestava as decisões do Führer. Confiavam cegamente em suas palavras, tanto que não houve baixa no ímpeto da população.

Mas alguns conselheiros e homens do partido tinham exata noção de que o caminho para o qual o Führer os levava era o da completa destruição. Queriam um acordo de paz com as potências ocidentais, mas também sabiam que, com Hitler no poder, isso seria impossível. Assim, planejaram um atentado, que se desenvolveu em 20 de julho de 1944. O coronel Klaus von Stauffenberg foi até o quartel-general do Führer com uma bomba dentro de uma pasta de couro. No gabinete de Hitler, depositou-a ao chão junto ao pé da mesa, a menos de dois metros de seu alvo, e saiu da sala mediante uma desculpa qualquer. Ouviu-se a explosão e alguns minutos se passaram até que Adolf Hitler saísse, de entre a fumaça e destroços, ferido e tonto. O atentado fracassou e o que se viu em seguida foi o banho de sangue de quase 5 mil pessoas consideradas oposicionistas ao regime.

A saúde de Hitler piorava dia após dia. Sedentário, tinha correntes dores de cabeça, cãibras e dores pelo corpo. E o atentado serviu para acentuar um tremor nervoso no braço e na perna esquerdos. Cada vez mais, ele permanecia trancado na Chancela-ria de Berlim. A insanidade parecia estar tomando conta de Hitler cada vez mais, pois a cada dia suas atitudes atrozes aumentavam.

A guerra ia chegando ao fim. Num movimento contrário ao expansionismo alemão de 1939 até 1941, os territórios conquistados eram reconquistados e iam espremendo o exército alemão. Em 1945, nada mais poderia salvar a Alemanha, nem a morte de Roosevelt conseguiu dar forças para resistir. Em abril daquele ano, Mussolini foi preso e assassinado por rebeldes, que penduraram seu corpo como troféu e o espancaram brutalmente. Hitler, no final de abril, enfim sentiu que a derrota estava próxima quando os russos tomaram Berlim. No dia 30 de abril, cometeu suicídio ao lado de Eva Braun, sua fiel amante por 16 anos. No dia 7 de maio de 1945, a Alemanha assinava a rendição incondicional. Era o fim do nazismo, o fim de Hitler.

Divulgação/ Discovery Networks

Josef Stálin

A IDEALIZAÇÃO DE UM TERCEIRO IMPÉRIO

Adolf Hitler tinha um grande desejo: unir os povos germânicos sob seu poder no que chamou de III Reich. Em 1933, quando chegou a chanceler, mais precisamente quando o Parlamento foi incendiado em fins de setembro e as liberdades individuais foram cessadas, foi fundado o III Reich, um novo império alemão.

Antes de Hitler, outros dois impérios germânicos existiram. O primeiro deles, o I Reich, foi o mais duradouro – de 962 a 1806, isto é, existiu desde meados da Idade Média, passando pela Idade Moderna e dissolvendo-se no início da Idade Contemporânea – e era chamado de Sacro Império Romano-Germânico. O II Reich foi inaugurado em 1871 por Otto von Bismarck com a unificação alemã. O imperador Guilherme I nomeou Bismarck como chanceler, e este ficou conhecido como "Chanceler de Ferro" após ter exercido um governo autoritário e dominado diversos principados da região sob o poder da Prússia. O maior feito, e inaugural do II Reich, foi a guerra franco-prussiana, contra os franceses, que rendeu à Prússia a anexação dos territórios da Alsácia-Lorena. Bismarck deixou o poder em 1890, quando entrou em desavenças com o jovem imperador Guilherme II, mas o reich durou até o fim da Primeira Guerra Mundial, com a Alemanha vencida e o fim da monarquia imperial. Com a derrota, através do Tratado de Versalhes, a Alsácia-Lorena voltava à França.

Hitler almejava um império alemão em toda a Europa e sem judeus. Dentro de sua política insana de extermínio e ocupação militar, apoiado nas ideias de "espaço vital" alemão e da raça superior, não poupou esforços para ver seu ideário cumprido. Para seu infortúnio, os Aliados venceram a guerra e puseram fim ao denominado III Reich, o mais sangrento, cruel e abominável de todos os regimes.

HITLER NÃO MORREU?

As últimas horas de vida de Adolf Hitler foram marcadas pela desilusão com a derrota e pela insanidade. Com um tiro na cabeça, o Führer se matou, tendo seu corpo em seguida queimado enquanto os russos invadiam Berlim. No entanto, há ainda aqueles que alimentam um mito de que ele sobreviveu

Por Lucas Pires

A morte de Adolf Hitler ainda é tema de discussões e desconfianças pelo mundo. Diversas versões surgiram a cada nova possibilidade – suicídio, envenenamento – e houve mesmo quem dissesse que o Führer fugira de Berlim e que sua morte fora criada para enganar os Aliados. Mas fato é que, hoje, tem-se certeza da morte dele, mais precisamente de seu suicídio, no dia 30 de abril de 1945.

Em 20 de abril de 1945, Hitler completou 56 anos. Nesse mesmo dia, depois de ser cumprimentado por todos aqueles que permaneciam no bunker da Chancelaria de Berlim, para onde foram depois que Berlim passou a ser atacada, ele se reuniu com seus principais homens – Martin Boorman, Goebbels, Himmler, Göring, Speer e Ribbentrop – para deliberar sobre os andamentos da guerra. Conscientes da derrota, propuseram ao Führer que deixasse a cidade e fosse para outro refúgio mais seguro, o de Berchtesgaden. Hitler

Ilustração: Fábio Matos

teria se recusado a deixar a capital. Entre todos ali, apenas ele mantinha a ideia de ainda vencer a guerra.

A morte do presidente Roosevelt soou-lhe como um sinal de esperança. Depois disso, acreditou que dois exércitos alemães pudessem libertar Berlim e isso significar à guerra o que foi a batalha de Stalingrado para os russos – o ponto de virada. Mas suas ordens para os tais dois exércitos nunca foram cumpridas, pois eles não mais existiam. Mesmo assim, Hitler permaneceu incólume, proibindo que a palavra derrota fosse sequer pronunciada.

No entanto, sua saúde estava demasiadamente afetada, ainda mais após o atentado de julho de 1944. Seu corpo já não andava ereto e tinha tumores no braço e nas pernas que aparentavam mal de Parkinson. Escondido há semanas no bunker sem mesmo ver a luz do sol, empalidecera muito e o olhar, antes brilhante, perdera sua força. Tornara-se uma figura abatida, que constantemente recorria a injeções de estimulantes. Num de seus surtos pós-estimulantes, anunciou a todos sua decisão de cometer suicídio, acentuada pela notícia de que Himmler abria negociações de paz com o conde sueco Bernadotte. Informou que morreria em Berlim quando a cidade estivesse próxima a ser totalmente tomada pelo exército vermelho. Himmler foi logo declarado traidor e condenado à morte, mas foi o auxiliar do chefe da Gestapo, de nome Fegelein, casado com uma irmã de Eva Braun, que foi morto.

Publicação da época afirma que Hitler e Eva teriam fugido de Berlim

Divulgação/ Discovery Networks

A ideia do suicídio veio a Hitler por duas razões: a primeira era não ser capturado vivo pelos Aliados e a outra era o medo de que acontecesse a ele o mesmo que haviam feito com seu colega Mussolini. O líder italiano fora preso e assassinado. Receoso de morrer como um traidor ou um delinquente, e não querendo ser exibido em nenhum museu de cera (como Lênin, o líder da revolução russa de 1917) como troféu, ordenou a seus homens que, após morto, fosse queimado.

A ideia do suicídio veio a Hitler por duas razões: a primeira era não ser capturado vivo pelos Aliados e outra era o medo de que acontecesse a ele o mesmo que fizeram com seu colega Mussolini. O líder italiano fora preso e assassinado

Depois de tais resoluções, falou a todos que estavam no bunker que quem quisesse poderia partir a qualquer momento. Não mais precisariam ficar. Goebbels e alguns outros decidiram continuar com ele até o fim. Então, Hitler distribuiu ampolas de cianureto (um veneno poderoso que matava em instantes depois de tomado) a todos que permaneceram e tratou de providenciar seu casamento com Eva Braun. Num ato que poucos compreenderam, ele desposara a mulher que lhe dedicara mais de 16 anos de vida. Goebbels e Boorman foram as testemunhas, e houve champanhe para a comemoração. Era 29 de abril e, logo em seguida ao casamento, Hitler se recolheu ao seu gabinete com a secretária Frau Lange para ditar seus testamentos – um pessoal e outro político. Foram feitas três cópias dos documentos, enviadas uma para a sede do partido e as demais para os generais Dönitz e Schörner. Neles, Hitler nomeou Dönitz como presidente, Goebbels o novo chanceler e Boorman, ministro do partido. Antes de dormir, o Führer testou, com sucesso, o cianureto em seu cão Blondi.

Hitler e Eva Braun recolheram-se para o quarto logo depois do almoço do dia 30 de abril e de terem cumprimentado as pessoas presentes. Minutos depois, às 15h30, os criados ouviram um disparo e correram em direção ao quarto de Hitler, encontrando-o sobre o sofá com a cabeça estourada. Ao seu lado, estava Eva Braun, morta e com uma pistola na mão. Ela tomou o cianureto. Hitler manteve uma cápsula do veneno na boca, mas preferiu morrer com a honra dos militares. Imediatamente após verem que seu líder havia de fato se matado, o criado de quarto, de nome Linge, Boorman e o Dr. Stumpefegger cobriram os corpos com um cobertor e trataram de levá-los para fora do bunker. As ordens finais de Hitler foram que fossem queimados e, para tanto, encomendou uma remessa de 200 litros de gasolina para o motorista Kempka, que conseguiu reunir apenas 170 litros de veículos abandonados nas ruas. Os corpos de Hitler e Eva Braun foram depositados numa vala no jardim da chancelaria, cobertos por gasolina e ateados fogo. Quando acabaram as chamas, os restos foram enterrados.

Goebbels enviou, então, uma mensagem a Dönitz informando da morte do Führer. Depois, como indicou que faria, envenenou os seis filhos e ordenou a um soldado que executasse a ele e sua esposa. O mais fiel dos seguidores de Hitler seguiu-o até na morte. Os demais presentes no bunker tentaram fugir de alguma forma, mas quase todos foram capturados pelos russos, que estavam a duas quadras do local quando ocorreu o suicídio. O único de que não se soube mais foi Martin Boorman, fato que alimentou diversas lendas em torno de sua fuga.

O exército russo chegou ao bunker nos dias seguintes e, em 4 de maio, um soldado, Ivan Curakov, encontrou os corpos de Hitler e Eva queimados. Os soviéticos tinham em mãos a verdade sobre a morte de Hitler – os restos humanos e as principais testemunhas que estavam com ele até o fim. Em 23 de maio, um médico informou o resultado da autópsia. Era de fato o cadáver de Hitler, pois a arcada dentária e uma ponte identificavam-no, além de uma cápsula de cianureto, que foi acusada como a causa da morte. Prontamente, os russos propagaram a ideia de que Hitler morrera envenenado e não com um tiro, o que provaria uma morte covarde. Mas a verdade parece ter vindo à tona com uma investigação realizada por autoridades anglo-americanas no decorrer daquele ano. A conclusão foi de que Adolf Hitler havia morrido com tiro na cabeça disparado por ele mesmo. Essa investigação virou um livro, escrito pelo próprio responsável pelo caso, H.R. Trevor-Roper. "Os Últimos Dias de Hitler" tornou-se um best-seller desde então, mas foi muito criticado na época. Já hoje, é quase um consenso.

No testamento de Hitler, uma última ordem à nação: "Continuem a combater os judeus". Morreu convicto de seus ideais, admirável se não fosse tendente ao mal.

O MITO DA SOBREVIVÊNCIA

A trajetória de Hitler foi tão conturbada que nem as evidências de sua morte foram totalmente aceitas. As diversas versões que os russos propagaram após 1945, os testemunhos que surgiram de pessoas que viram-no morto, ou então das que não o viram morto criaram em torno da figura de Hitler um mito de que ele poderia ter sobrevivido e fugido antes do fim da guerra.

Jornais sensacionalistas e historiadores aproveitadores surgiram com diversas "verdades" sobre o Führer. Logo elas se tornaram histórias populares, alimentadas pela necessidade de imaginar que um mal como aquele não poderia ser simplesmente apagado com um tiro. Na década de 1980, jornais americanos publicaram em manchete "Hitler está vivo!" e traziam reportagens afirmando que ele vivia na Argentina e já tinha, inclusive, um rol de seguidores propensos a dar a vida por ele novamente. Ainda colocavam que Josef Menguele, médico de Auschwitz que se refugiou na Argentina e posteriormente no Brasil, havia mantido Hitler vivo e bem de saúde até quase 100 anos e que, com uma variedade de drogas, faria-o viver até 150 anos.

Não demorou e outra versão apareceu, desta vez colocando Hitler vivendo entre os índios de montanhas chilenas que o tratavam como um deus. Era chamado de Adolfo e teria chegado na aldeia com uma mulher em junho de 1945. Sua fuga da Europa até o Chile teria acontecido por um submarino.

A versão de que um falso Hitler morreu no bunker de Berlim também ganhou crédito popular. Segundo essa teoria, Hitler teria voado para a Espanha com a ajuda de Heinrich Müller, o último dos chefes da Gestapo, que teria colocado em seu lugar um sósia, que morrera conforme a versão aceita por quase todos.

No fim das contas, percebe-se que tais histórias nasceram como lendas diante da não-confirmação do corpo encontrado ser de Hitler. Há muitas provas que evidenciam sua veracidade, mas, diante do tanto que se falou e do que não se falou, as dúvidas ainda permanecem no imaginário popular, que é onde as lendas se perpetuam. Historicamente, Adolf Hitler morreu em 30 de abril de 1945. Seu corpo foi encontrado queimado e levado pelos soviéticos. Morreu seu corpo, mas seu espírito continua à solta, como mostra a proliferação das lendas e de movimentos que tentam negar o Holocausto e reviver o nazismo. Faltou matar esse espírito.

Divulgação/ Still Picture Branch (NNSP) do National Archives and Records Administration

Judeus civis durante a destruição do gueto de Varsóvia, Polônia

A SOLUÇÃO FINAL

A insanidade, a crueldade e a política antissemita de Adolf Hitler chegam ao extremo

Por Claudio Blanc

Assim que os nazistas subiram ao poder na Alemanha, em 1933, Adolf Hitler mostrou suas garras. Todos os direitos civis foram suspensos, os partidos políticos dissolvidos, as greves proibidas e os sindicatos fechados. Com plenos poderes, o Führer partiu para erradicar da cultura, das instituições e da economia do novo Estado tudo que não era alemão. E sua ira foi dirigida aos judeus.

Os judeus e as outras minorias foram declarados inimigos do Estado. Banidos dos empregos públicos eram, no caso dos judeus, obrigados a usar a estrela amarela – uma na frente e outra nas costas – para diferenciá-los do restante da população. Passou a ser proibido empregar qualquer mão-de-obra judaica. E, como se isso não bastasse, os judeus não puderam mais exercer nenhuma profissão liberal. Em 1935, foram proclamadas leis racistas, as chamadas Leis de Nuremberg, que proibiam os judeus de se casar ou manter relações com arianos. Quem desrespeitava estas leis era preso e levado para campos de concentração, que estavam começando a ser construídos. O primeiro deles, Dachau, foi criado em 23 de abril de 1933. Em 16 de julho de 1937, mais um campo de concentração, Buchewald, foi aberto.

Em 13 de **março** de 1938, o **exército** alemão **tomou** a Áustria, e aplicou **leis** antijudaicas. O mundo **calou**. Em 22 de **abril**, um decreto eliminou **oficialmente** os judeus da **economia** germânica. Os alemães **assumiram** seus lugares. Em 15 de **junho**, **começaram** as **prisões** dos judeus. Eles **eram** presos **até** mesmo por **violação** de leis de **trânsito**

A ascensão nazista prosseguia. Em 13 de março de 1938, o exército alemão tomou a Áustria, e aplicou leis antijudaicas. O mundo calou. Em 22 de abril, um decreto eliminou oficialmente os judeus da economia germânica. Os alemães assumiram seus lugares. Em 15 de junho, começaram as prisões. Os israelitas eram presos até mesmo por violação de leis de trânsito.

Nutrindo um antijudaísmo absurdo, os nazistas buscavam a todo custo expulsar os judeus da Alemanha. Procuravam, incansavelmente, uma solução para o "problema". Não havia, porém, lugar para eles. Então, foi feita uma conferência internacional em Evian, França, para achar um local para os judeus se refugiarem. Mas nenhum país queria assumir o problema. A conferência acabou em fracasso. O resultado da perseguição nazista foi o êxodo em massa da elite intelectual, cultural e científica dos judeus alemães. Até 1937, 118 mil haviam fugido para a Palestina, para as Américas do Norte e do Sul e para outros países da Europa.

O ano de 1938 viu as coisas piorarem para a população judaica. E muito. Em 5 de outubro, o governo suíço sugeriu que os passaportes dos judeus alemães fossem marcados com a letra J. O procedimento impedia a entrada deles no país. Esse foi o prelúdio de um tremendo golpe contra a comunidade hebraica. Em 28 de outubro, numa ação brutal, os judeus não-nascidos na Alemanha tiveram seus bens confiscados, foram presos e levados para a fronteira da Polônia, onde os nazistas simplesmente os largaram. De início, a Polônia não quis deixá-los entrar, obrigando-os a ficar ao relento, em condições precárias. No final, o governo polonês acabou permitindo a entrada.

Segundo alguns autores, o Holocausto começou, de fato, pouco depois, em 9 de novembro de 1938, num infeliz episódio conhecido pelo poético nome de Kristall Nacht, "Noite de Cristal". O nome se deve ao fato de que, quando os nazistas quebraram as vitrines e as janelas de residências e lojas judaicas, a luz da lua refletia-se nos cacos de vidro, fazendo-os parecer cristais brilhantes. E, como num efeito dominó, depois dessa noite, o caos se propagou. Foram incendiadas todas as sinagogas na Alemanha, oficinas de judeus, destruídas, suas lojas saqueadas, e centenas de residências danificadas. Os prejuízos eram de centenas de milhões de marcos. Para completar a violência, todas as crianças judias foram expulsas das escolas, e o governo decretou a expropriação compulsória das oficinas, das indústrias e dos estabelecimentos comerciais dos judeus. Passou a ser comum que os hebraicos fossem espancados e até mesmo assassinados. O saldo daquele infeliz 1938 terminou com perto de 30 mil pessoas internadas em campos de concentração.

O Holocausto era fato. Em 30 de janeiro de 1939, Hitler proclamou no Parlamento que, em caso de guerra, "a raça judaica será exterminada na Europa". Até o final daquele ano, mais de 300 mil judeus alemães já tinham sido expulsos do país.

Nesse mesmo 1939, a Alemanha invadiu a Polônia, forçando a Grã-Bretanha e a França a uma declaração de guerra. Assim começava um dos piores pesadelos já vividos pela humanidade: a Segunda Guerra Mundial.

O HOLOCAUSTO

O termo Holocausto, que, em grego, significa "uma oferenda sacrifical", designa, em sua forma capitalizada, a tentativa de exterminação de grupos considerados indesejados pelos nazistas alemães, durante o Terceiro Reich. As vítimas foram, principalmente, os judeus, mas também comunistas, homossexuais, ciganos, deficientes motores, atrasados mentais, prisioneiros de guerra soviéticos, membros das elites intelectuais polonesa, russa e de outros grupos eslavos, ativistas políticos, testemunhas de Jeová, alguns sacerdotes católicos e protestantes, sindicalistas, pacientes psiquiátricos e criminosos de delito comum. Todos eles pereceram lado a lado nos campos de concentração e de extermínio.

As **vítimas** foram, principalmente, os judeus, **mas** também **comunistas**, homossexuais, **ciganos**, deficientes motores, atrasados **mentais**, prisioneiros de **guerra** soviéticos, membros das **elites** intelectuais polonesa, **russa** e de outros grupos eslavos, **ativistas** políticos, testemunhas de **Jeová**, alguns sacerdotes **católicos** e protestantes, **sindicalistas**, pacientes psiquiátricos e **criminosos** de delito comum. Todos eles **pereceram** lado a lado nos **campos** de concentração e **extermínio**

Imediatamente depois da conquista da Polônia, os judeus foram isolados em guetos. A vida nesses lugares era impensável – cheia de promiscuidade e incerteza. O espaço, mínimo. Na cidade polonesa de Lodz, por exemplo, numa área onde cabiam de 20 a 30 mil pessoas, foram postas 160 mil. O resultado imediato foram, claro, doenças, morte e, pior, a fome. Não havia, praticamente, comida, e as pessoas morriam como ratos pelos guetos. Os cadáveres, na maior parte das vezes, eram levados para a rua para ser recolhidos pelo "comando dos mortos", um grupo especialmente formado para esse fim. Os corpos eram postos numa vala comum e cobertos com cal virgem.

Os que sobreviviam eram explorados até o fim. Os alemães ordenaram a construção de fábricas e oficinas onde os judeus foram obrigados a trabalhar em troca de ração de 200 calorias por dia. Para viver, um ser humano necessita de 2.400 calorias diárias. Calcula-se que, com uma dieta dessas, uma pessoa consiga viver no máximo oito meses. Mas houve quem sobrevivesse durante toda a guerra. E o sofrimento imposto a seres humanos por seus semelhantes não parava por aí. Nos guetos, era proibido às mulheres engravidarem. As crianças de até 12 anos, os idosos e os doentes também eram retirados dos guetos. O destino deles? A morte sumária em lugares especialmente criados para esse fim.

Prisioneiros no campo de concentração em Sachsenhausen, Alemanha

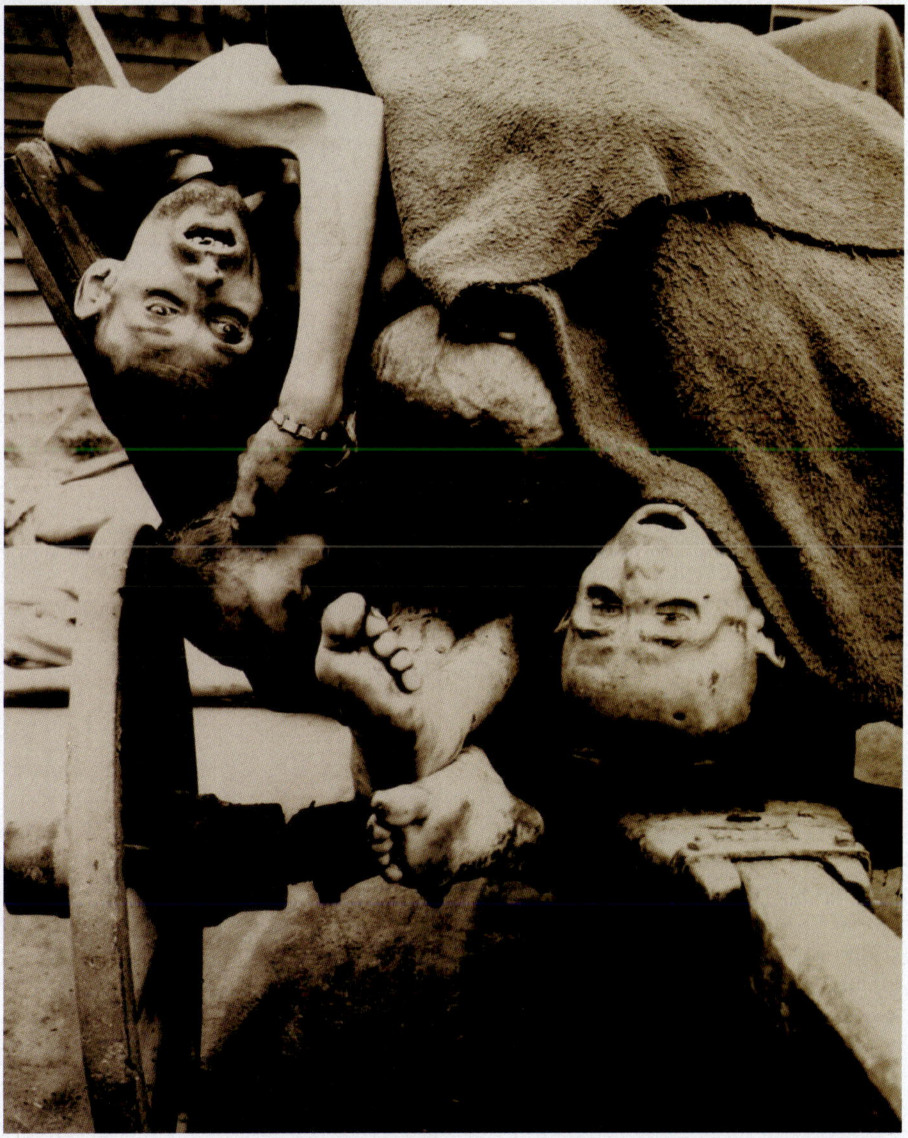

OS NÚMEROS DO HOLOCAUSTO

O número exato de pessoas mortas pelo regime nazista continua a ser objeto de pesquisa, mas as seguintes estimativas são consideradas próximas da realidade: Entre 5,6 e 6,1 milhões de judeus (dos quais 3 – 3,5 milhões de judeus poloneses). De 2,5 a 3,5 milhões de poloneses não-judeus. Entre 3,5 a 6 milhões de civis eslavos. De 2,5 a 4 milhões de prisioneiros de guerra soviéticos. De 1 a 1,5 milhões de dissidentes políticos. 200.000 a 300.000 deficientes. 10.000 a 25.000 homossexuais. Cerca de 2.000 Testemunhas de Jeová

Alguns corpos de prisioneiros mortos foram removidos por civis alemães

A humanidade acabava de inventar instalações para assassinatos em massa: os campos de extermínio. Em 18 de maio de 1940, o campo de concentração de Aucshwitz foi aberto e, em seguida, convertido em campo de extermínio. Em 22 de junho de 1941, a Alemanha nazista invadiu a União Soviética comunista. Simultaneamente, o Reich esboçou o plano da "Solução Final". Em dezembro de 1941, Adolf Hitler tinha, finalmente, decidido exterminar literalmente os judeus, as minorias e os soviéticos da Europa. Em janeiro de 1942, durante a Conferência de Wannsee, vários líderes nazistas discutiram os detalhes da "Solução Final da questão judaica". E os massacres em massa começaram na Europa Oriental.

Os nazistas iniciaram a deportação sistemática das populações de judeus, tanto dos guetos, quanto de todos os territórios ocupados, para os sete campos designados como Vernichtungslager, ou campos de extermínio: Auschwitz, Belzec, Chelmno, Majdanek, Maly Trostenets, Sobibor e Treblinka II. O Holocausto foi levado a cabo metodicamente em, virtualmente, cada centímetro do território ocupado pelos nazistas. Os judeus e outras vítimas foram perseguidos e assassinados num espaço onde hoje existem 35 nações europeias.

Nos campos de extermínio, os aptos fisicamente eram selecionados para trabalhar nas fábricas. Os outros prisioneiros eram mortos ora em furgões de gás, ora através de envenenamento por monóxido de carbono. Depois dos assassinatos, as obturações em ouro eram retiradas dos cadáveres. Até os cabelos das vítimas eram aproveitados para uso industrial. As mulheres, principalmente, tinham suas cabeças raspadas antes de entrar nas câmaras de gás, e os cabelos eram reciclados e aproveitados em produtos como tapetes e meias.

Além disso, os nazistas realizaram experiências pseudocientíficas com os judeus, usando-os como cobaias. O médico Josef Mengele, por exemplo, ficou famoso pelo seu sadismo. Ele, que se refugiou no Brasil depois da guerra, era chamado de "Anjo da Morte" pelos prisioneiros de Auschwitz por causa dos seus experimentos cruéis e bizarros.

Fotos: Divulgação/ Still Picture Branch (NNSP) do National Archives and Records Administration

Os judeus **realizavam** as tarefas mais **pesadas**. Entre elas, estava a de **separar** as roupas e os **objetos** de valor dos **mortos**. Eles também eram **obrigados** a jogar nos **fornos** crematórios, ou em **valas** abertas, os **cadáveres** que outros **prisioneiros** judeus **retiravam** das câmaras de **gás**. Nessa **tortura** psicológica, eles, muitas vezes, **reconheciam** entre os **pertences**, ou entre os **corpos**, parentes, filhos, **amigos** e vizinhos. Em **Treblinka**, a expectativa de **vida** dos internos **não** ia **além** de poucas **semanas**

Ossos ainda estavam no crematório no campo de concentração de Weimar, quando o local foi tomado pelas tropas norte-americanas.

A humanidade acabava de inventar instalações para assassinatos em massa: os campos de extermínio

O LEVANTE DE TREBLINKA

Enquanto o impensável acontecia nos campos de extermínio, os partizans judeus começaram a se organizar e a oferecer resistência. Em 18 de janeiro de 1943, durante quatro dias, a Organização de Resistência Judaica combateu os alemães em escaramuças nas ruas do gueto de Varsóvia.

Em 2 de fevereiro, os nazistas receberam um tremendo golpe: o sexto exército alemão capitulou em Stalingrado. Começava, assim, a revirada da guerra. Hitler já sabia que não conseguiria derrotar os Aliados. Entretanto, no mesmo dia em que Stalingrado caiu, foi ordenado o reforço de transportes para campos de extermínio na Europa ocupada. Mesmo perdendo a guerra, os nazistas exterminariam os judeus e as minorias.

No dia 13 de março, novos crematórios começaram a funcionar em Aucshwitz. No entanto, os judeus davam mais sinais de resistência. Em 19 de abril, começava o levante do gueto de Varsóvia. Nos campos de extermínio, também houve levantes.

Treblinka II foi projetado para ser um campo de extermínio. Localizado a quase 2 km de Treblinka I, o anexo foi construído por empresas alemãs que usavam, como mão-de-obra a custo zero, prisioneiros poloneses e judeus. Inaugurado em 23 de julho de 1942, Treblinka II abrigou a máquina assassina que exterminou em sigilo os 265 mil judeus da capital polonesa.

O campo era dividido em duas áreas. Uma delas incluía a plataforma dos trens, as moradias para os comandantes, a administração, as marcenarias e um espaço reservado para os prisioneiros recém-chegados e seus pertences. A outra área era o setor de exterminação propriamente dito, com as câmaras de gás, as covas abertas e os crematórios, além dos barracões para os prisioneiros. Cercas separavam os dois setores, e o campo era protegido por duas cercas de arame farpado; a interna era camuflada com árvores e plantas, para encobrir suas atividades macabras.

De acordo com testemunhas, a câmara de gás ostentava uma estrela de Davi e uma cortina, onde estava escrito: “Este é o portão pelo qual passam os justos”. Cerca de cinco a sete mil pessoas chegavam a cada comboio, trazidas em vagões lacrados, superlotados, sem água, alimento ou qualquer tipo de atendimento às necessidades básicas. No desembarque, deparavam-se com a estrela de Davi e ouviam um discurso de um oficial da SS explicando-lhes que haviam chegado a um campo de trânsito. Em seguida, as mulheres e as crianças eram separadas dos homens; os doentes eram também separados, e os mortos, jogados em local afastado. Começava, então, o humilhante ritual de raspar o cabelo e o encaminhamento para as câmaras de gás. Nesse momento, os guardas incentivavam as pessoas a escrever para seus familiares. A correspondência seria posteriormente enviada, reafirmando ao mundo a impressão de que o processo de transferência judaica não passava de um re-assentamento.

Treblinka era uma verdadeira “linha de produção” da morte, eficiente, rápida, sem falhas. Aos que sobreviviam às seleções para as câmaras de gás, era imposta uma rotina rígida e desumana de trabalhos forçados. Os trabalhadores de Treblinka II eram alemães e ucranianos, havendo entre eles, também, prisioneiros judeus. Enquanto os dois primeiros grupos eram responsáveis pela vigilância, pela brutal disciplina e pela operação das câmaras de gás, os judeus realizavam as tarefas mais pesadas. Entre elas, estava a de separar as roupas e os objetos de valor dos mortos. Eles também eram obrigados a jogar nos fornos crematórios, ou em valas abertas, os cadáveres que outros prisioneiros judeus retiravam das câmaras de gás. Nessa tortura psicológica, eles muitas vezes, reconheciam entre os pertences, ou entre os corpos, parentes, filhos, amigos e vizinhos. Em Treblinka, a expectativa de vida dos internos não ia além de poucas semanas.

O campo de extermínio começou a operar com três câmaras de gás, chegando em pouco tempo a seis. De julho de 1942 a abril de 1943, aproximadamente 870 mil pessoas morreram no local. Em sua grande maioria, os judeus eram friamente assassinados, poucas horas depois de sua chegada. No entanto, com a aproximação das forças aliadas, no outono de 1943, os alemães começaram a evacuar o campo. Berlim deu ordens para que Treblinka, assim como outros locais, fosse totalmente destruídos. Os nazistas não queriam deixar provas da existência ou das atividades do local. O processo de desativação foi sendo percebido pelos prisioneiros judeus, à medida que o número de transportes diários diminuía e aumentava o volume das cremações dos corpos jogados nas valas. As covas coletivas eram fechadas como se jamais tivessem existido.

Foi nesse contexto que o levante começou a ser planejado. O objetivo era permitir a fuga do maior número possível de prisioneiros, além de tentar destruir as instalações mortíferas e eliminar tantos guardas quanto fosse possível. Os idealizadores da revolta apostaram que, quando o levante eclodisse, centenas de judeus se uniriam ao movimento e lutariam contra seus carrascos. Os preparativos incluíam a obtenção de algumas armas – inicialmente, subornando guardas ucranianos e, posteriormente, roubando-as. Para isso, os prisioneiros conseguiram, engenhosamente, as chaves do depósito de munições.

Em julho de 1943, o comandante de trabalho do campo, Carl Gustav Farfi, precisou de uma cirurgia que acabou sendo feita pelo médico judeu Julian Choransky. Durante a cirurgia, a chave do depósito de munições do campo foi roubada e copiada. Mas, apesar de ter sido uma figura-chave no levante, Choransky não participou do movimento. Mesmo tendo operado Farfi, o médico foi mandado às câmaras de gás logo depois da cirurgia.

Em 2 de agosto de 1943, às 15h35, começou o levante em Treblinka. A data foi marcada para coincidir com a chegada do trem que traria quatro mil judeus ao campo. O plano foi colocado em prática na noite anterior, quando Eliahu Grinsbach roubou do depósito de armas três pistolas e dez granadas que seriam usadas para dar início à revolta. Eram poucas armas para enfrentar os nazistas, mas, se um número maior delas desaparecesse do depósito, isso poderia chamar a atenção dos guardas. Foi combinado, então, que, assim que a ação começasse, um grupo de rebelados conseguiria mais armamentos. Os responsáveis pela revolta dividiram-se em vários grupos, cada um encarregado de uma missão específica. Todos tentariam envolver o maior número de judeus na luta.

No dia seguinte, com a chegada do trem à plataforma de Treblinka, eclodiu o levante. O sinal foi dado quando o prisioneiro judeu Josef Gross lançou uma granada de mão sobre os guardas de uma das torres de vigilância. Simultaneamente à explosão, Gross atirou num oficial da SS, o vice-comandante do campo Kurt Hubert Franz, que escapou e ordenou ao seu cão que atacasse o prisioneiro. O esquálido Gross foi estraçalhado. Antes mesmo que Franz pudesse perceber o que estava acontecendo e dar o alarme para os guardas ucranianos, os judeus começaram a atirar e incendiaram algumas construções.

A desproporção entre as partes era gritante – de um lado, homens pobremente armados, subnutridos e psicologicamente abalados, e, do outro, soldados do Terceiro Reich, bem-alimentados, treinados e armados. O portão principal foi derrubado por uma explosão. Outras atingiram as torres de observação. As portas do depósito de armas foram arrombadas pelos revoltosos, que distribuíram os armamentos a seus companheiros. Centenas de pessoas tentaram destruir a cerca e fugir, mas a maioria foi morta pelos guardas, que começaram a atirar para todos os lados, e pelos cães que dilaceravam os fugitivos.

Às 15h46, o levante terminou. Durou apenas 11 minutos e deixou um saldo negro: 1.100 judeus mortos. Entre os membros da SS e os guardas ucranianos, houve 117 vítimas. Somente 180 prisioneiros conseguiram fugir. Os fugitivos foram impiedosamente caçados pelos nazistas e brutalmente assassinados quando encontrados. Dezoito, porém, foram resgatados – famintos e no fim de suas forças – por um grupo da resistência judaica que havia sobrevivido à revolta do gueto de Varsóvia e que se escondera na floresta. Esses sobreviventes acabaram sendo a memória viva dos fatos ocorridos no dia 2 de agosto de 1943 em Treblinka II.

Em 6 de junho de 1944, o Dia D, as forças aliadas invadiram a Normandia, na França, e iniciaram a libertação da Europa. Em 24 de junho, as tropas russas libertaram o campo de extermínio de Majdanek, na Polônia. No dia 23 de agosto, aconteceu a última sessão de asfixia por gás em Auschwitz. Dia 26, Himmler ordenou a destruição dos crematórios em Auschwitz para esconder as evidências do campo de extermínio.

Em 11 de janeiro, as tropas Russas libertaram Varsóvia, onde não encontraram mais judeus – todos tinham sido deportados. Entre 17 e 26 de janeiro, os soviéticos libertaram 80 mil judeus em Budapeste. Em seguida, tomaram Auschwitz, onde encontraram perto de mil sobreviventes. Entre 11 e 28 de abril, as tropas americanas libertaram Buchenwald e Dachau. Tropas britânicas também libertaram o campo Bergen-Belsen. Com a chegada dos soviéticos nas imediações de Berlim, os nazistas evacuaram prisioneiros de Sachsenhausen e Ravensbruck. A SS perpetrou, então, o último massacre de judeus. No dia 30, Hitler se suicidou em seu bunker. Em 2 de maio, Berlim capitulou e, em 8 de maio, a guerra finalmente terminou.

O **Holocausto** foi levado a cabo **metodicamente** em, virtualmente, cada **centímetro** do território **ocupado** pelos **nazistas**. Os judeus e outras **vítimas** foram **perseguidos** e assassinados num **espaço** onde hoje **existem** 35 nações **europeias**

Fotos: Divulgação/ Still Picture Branch (NNSP) do National Archives and Records Administration

Adolf Hitler em Paris – 23 de junho de 1940

O líder nazista em retrato de 20 de abril de 1942

DURAS CONSEQUÊNCIAS

O que aconteceu depois que Hitler se foi

Quatro anos depois do final da Segunda Guerra, surgiram dois Estados alemães: um comunista e autoritário; outro capitalista e democrático. A Alemanha Ocidental recuperou-se das devastações da Guerra e, com ajuda dos Estados Unidos, resgatou a saúde da sua economia e reconstruiu suas cidades e infra-estrutura. Após um "milagre econômico" na década de 1950, tornou-se uma das maiores potências do mundo, proporcionando um alto padrão de vida para seus cidadãos.

A Alemanha Oriental, embora sofrendo grande pressão da União Soviética, se recuperou de maneira mais lenta, mas também estava praticamente reconstruída até o final da década de 1950. No entanto, os alemães orientais foram submetidos a um regime opressor.

Em meados da década de 1950, as duas Alemanhas começaram a se rearmar. A Guerra Fria determinou que os novos países participassem da defesa dos dois blocos de poder. O confronto entre o Ocidente, democrático e capitalista, e o Leste europeu, comunista e totalitário, se dava no meio da antiga Alemanha. Berlim se tornou o centro nevrálgico da Guerra Fria. As tensões entre os Estados Unidos e a União Soviética se adensavam no ar da cidade. A exemplo do país, a capital também havia sido dividida. Famílias foram separadas, impedidas de se reunir, como todo o povo alemão. Até o final da Guerra Fria, a maior concentração de armas nucleares estava em solo alemão.

Em 1989, porém, com o colapso da União Soviética e a consequente queda do comunismo nos países da chamada Cortina de Ferro, a "cortina" imaginária que separou o Oeste do Leste europeu, dividindo o continente entre nações capitalistas e comunistas, a Alemanha Ocidental e a Oriental se reunificaram. Um intenso programa de desenvolvimento foi aplicado no leste do país. A Alemanha foi reconstituída e, hoje, é uma das nações-líderes do cenário internacional, como sonhara a geração que seguiu Hitler em sua insana guerra de conquista. Resta, porém, o passado, o pesadelo da culpa por ter lançado o mundo no maior conflito que a humanidade já presenciou, perpetrando crimes de guerra tão hediondos quanto inimagináveis.

CULPA

Apesar de hoje restarem poucos alemães que viveram sob o regime nazista, a culpa pela Segunda Guerra continua a assombrar o povo alemão. Em janeiro de 2008, o ministro da cultura, Bernd Neumann, anunciou a construção de dois novos memoriais por ocasião dos 75 anos da ascensão de Adolf Hitler ao poder. O primeiro honrará os ciganos presos e deportados para os campos de extermínio nazistas. O outro, que incluirá vídeos de homossexuais se beijando, homenageará as milhares de vítimas condenadas à morte por sua orientação sexual. Além dos novos memoriais, há o dos Judeus Assassinados na Europa, que consiste de 2.711 pilastras cinzas.

As lembranças suscitadas pelos abusos cometidos durante a era nazista levaram à criação, em 2005, do Dia Internacional do Holocausto, celebrado em 27 de janeiro. Conforme observou o ministro do exterior alemão, Frank-Walter Steinmeier, o Holocausto "sempre será uma parte indelével da nossa história".

De fato, a culpa é difícil de ser extirpada. No início de 2008, um projeto de moradias populares foi alvo de acalorada discussão, pois teria lugar em uma antiga corte do Terceito Reich, na qual juizes nazistas sentenciaram milhares de pessoas à morte. Muitos aprovam esse tipo de atitude. O bispo luterano Wolfgang Huber disse ao jornal britânico Telegraph que os alemães "devem sempre renovar a memória dessa época", algo que as gerações seguintes ao Nazismo têm feito espontaneamente.

As celebrações para relembrar os 75 anos da subida de Hitler ao poder incluíram duas exibições sobre o papel das estradas de ferro no transporte das vítimas do Holocausto. Na cidade de Erfurt, onde os fornos crematórios de Auschwitz foram fabricados, aconteceu uma cerimônia em memória às vítimas daquele campo de extermínio. Ali também será construído um novo museu, marcado a libertação dos prisioneiros sobreviventes.

Sobre a preocupação dos alemães com sua culpa, Avi Primor, ex-embaixador de Israel na Alemanha, perguntou: "quem já viu, em todo o mundo, um país que erige memórias para imortalizar sua própria vergonha?". Ele mesmo respondeu: "apenas os alemães tiveram essa coragem e humildade".

Essa reflexão é parte do longo debate sobre a possibilidade de se colocar um fim no seu passado. Os alemães sabem, porém, que esse passado nunca será esquecido, uma vez que as ações de seus pais e avós, que serviram ao regime de Hitler, sempre terão um forte impacto histórico.

Berlim se tornou o centro nevrálgico da Guerra Fria. As tensões entre os Estados Unidos e a União Soviética se adensavam no ar da cidade. A exemplo do país, a capital também havia sido dividida. Até o final da Guerra Fria, a maior concentração de armas nucleares estava em solo alemão

NOVOS NAZISTAS

Enquanto a Alemanha procura encarar e purgar seu passado, nas décadas que se seguiram ao fim do Terceiro Reich, movimentos de extrema direita têm pipocado em todo o mundo. Em seu livro The Beast Reawakens (A Fera Acorda de Novo), o jornalista Martin Lee sustenta que isso aconteceu porque muitos nazistas conseguiram escapar da punição e puderam desenvolver carreiras de sucesso depois da Guerra. De acordo com Lee, esses antigos oficiais são o elo entre o passado nazista e os novos movimentos de ultradireita que seguem os preceitos de Hitler.

Um bom exemplo citado pelo jornalista é Willis Carlo, que faz apologia ao nazismo. Seus artigos defendendo que a história do Holocausto foi distorcida podem ser lidos na internet. Através do Lobby da Liberdade e da sua revista Spotlight, Carlo defende as atrocidades perpetradas pelos nazistas reduzindo a história divulgada à mera "intriga da oposição". Pior: na década de 1960, ele conseguiu forjar laços com o Partido Republicano dos Estados Unidos, conquistando legitimidade para seus esforços promocionais.

No final dos anos 1980, com a queda do comunismo no Leste europeu, os países daquele continente se tornaram mais vulneráveis aos apelos dos neonazistas. Em seu livro, Lee aponta o ressurgimento do fascismo em toda a Europa. Mais ainda, esse renascimento teria sido até mesmo estimulado pelos líderes políticos. Na Itália, Romênia, França e Áustria, lideranças "demagógicas buscaram dirigir os ressentimentos econômicos e sociais às tendências nacionalistas e raciais", estimulando a xenofobia. Nem mesmo os Estados Unidos estão livres. Lee mostra evidências de que alguns líderes de movimentos locais têm fortes tendências neonazistas. O jornalista vai ainda mais longe e sustenta que alguns candidatos a cargos elevados na administração americana não titubeiam em explorar a violência e o medo irracional com relação aos estrangeiros, dois elementos marcantes do Nazismo bastante "presentes na paisagem política dos Estados Unidos".

O TERCEIRO REICH E A GUERRA EM NÚMEROS E FATOS

SEGUNDA GUERRA

Número Aproximado de Participantes

Países beligerantes: 61
População total envolvida: 1,7 bilhão (3/4 da população mundial)
Número de pessoas recrutadas para prestar serviço militar: 110 milhões
Número de pessoas recrutadas para prestar serviço militar por país:
Alemanha – 17 milhões
Estados Unidos – 16 milhões
Império Britânico e países do Commonwealth – 12 milhões
Japão – 10,5 milhões
União Soviética – 22 a 30 milhões

DINHEIRO GASTO NO CONFLITO EM DÓLARES AMERICANOS

1º Lugar
Estados Unidos – 341 bilhões, dos quais 50 bilhões se destinaram a países como Grã-Bretanha (31 bilhões) e URSS (11 bilhões).
2º Lugar
Alemanha – 272 bilhões
3º Lugar
União Soviética – 192 bilhões
4º Lugar
Grã-Bretanha – 120 bilhões
5º Lugar
Itália – 94 bilhões
6º Lugar
Japão – 56 bilhões

TERCEIRO REICH

Lema: Ein Volk, ein Reich, ein Führer (um povo, um império, um líder)

Capital	Berlim
Língua	Alemão
Governo	Ditatorial
CHEFES DE ESTADO	
1925 – 1934	Paul von Hindenburg (Presidente)
1934 – 1945	Adolf Hitler (Führer)
1945	Karl Dönitz (Presidente)
CHANCELER	
1933 – 1945	Adolf Hitler
1945	Joseph Goebbels
1945	Lutz von Krosigk
Período	30 de janeiro de 1945 a 8 de maio de 1945
Área	633.786 km2 (1937)
População	69.314.000 (1937)
Moeda	Reichsmark

MINISTROS DO TERCEIRO REICH

Ministério do Exterior - Joachim von Ribbentrop
Ministério do Interior - Wilhelm Frick, Heinrich Himmler
Ministério da Propaganda - Joseph Goebbels
Ministério da Aeronáutica - Hermann Göring
Ministério das Finanças - Lutz Schwerin von Krosigk
Ministério da Justiça - Otto Thierack
Ministério doa Economia - Walther Funk
Ministério Da Alimentação e Agricultura - Richard Walther Darré
Ministério do Trabalho - Franz Seldte
Ministério da Ciência - Educação e Instrução Pública Bernhard Rust
Ministério de Assuntos Eclesiásticos - Hanns Kerrl
Ministério dos Transportes - Julius Dorpmüller
Ministério Postal do Reich - Wilhelm Ohnesorge
Ministério das Armas e Munições - Fritz Todt, Albert Speer
Ministros sem pasta - Konstantin von Neurath, Hans Frank, Hjalmar Schacht, Arthur Seyss-Inquart

Não só os judeus, poloneses e soviéticos foram massacrados nos campos de extermínio nazistas. As minorias também enfrentaram igual destino. O número de homens presos por homossexualidade durante o período chega perto de 50 mil:

1933: 853
1934: 948
1935: 2.106
1936: 5.320
1937: 8.271
1938: 8.562
1939: 7.614
1940: 3.773
1941: 3.735
1942: 3.963
1943: 966 (primeiro semestre)
1944-45: ?

MORTES DURANTE A GUERRA

O número total de mortos durante a Segunda Guerra foi estimado em aproximadamente 72 milhões de pessoas, o mais mortal e destrutivo conflito da História.

Desse total, cerca de 47 milhões foram civis, dos quais 20 milhões morreram de fome, doença ou ambos.

Entre os militares, o número de mortos foi de 25 milhões, dos quais 4 milhões padeceram em campo de prisioneiros.

Os aliados perderam, juntos, 14 milhões de pessoas e os Poderes do Eixo, 11 milhões.

MORTES NAS FORÇAS ARMADAS POR ARMAS

PAÍS	ARMA	NÚMERO DE ALISTADOS	MORTOS/ DESAPARECIDOS	FERIDOS	PRISIONEIROS DE GUERRA	PORCENTUAL DAS MORTES
Alemanha	Exército	13.600.000	4.202.000			30.9%
	Força Aérea	2.500.000	433.000			17.32%
	Marinha	1.200.000	138.000			11.5%
	SS	900.000	314.000			34.9%
	Polícia		231.000			
	Cidadãos soviéticos combatendo pela Alemanha		215.000			
	Baixas não identificadas por Arma			6.035.000	11.100.000	
Japão	Exército	6.300.000	1.526.000	85.600	30.000	24.22%
	Marinha	2.100.000	414.900	8.900	10.000	19.76%
União Soviética 1939-40	Todas as Armas		136.945	205.924		
União Soviética 1941-45	Todas as Armas	34.476.700	8.668.400	14.685.593	4.059.000	25.1%
	Reservistas		1.500.000		1.200.000	
	Paramilitares e partizans		400.000			
Países do Commonwelth						
	Todas as Armas	11.115.000	580.000	475.000	318.000	5.2%
Estados Unidos	Exército	11.260.000	318.274	565.861		2.8%
	Força Aérea	(3.400.000)	(88.119)	(17.360)		2.5%
	Marinha	4.183.446	62.614	37.778		1.5%
	Fuzileiros Navais	669.100	24.511	68.207		3.66%
	Guarda Costeira dos Estados Unidos	241.093	1.917			0.78%
	Marinha Mercante dos Estados Unidos	243.000	9.521	12.000		3.9%
	Não identificados por Arma				130.201	

Fonte: Wikipedia anglófila – Tradução: Claudio Blanc

AFP/ Roger Viollet

Edição original de Mein Kampf, 1925

Um raro documento, uma análise psicológica de Adolf Hitler que antecipou, entre outras coisas, seu suicídio, foi disponibilizada recentemente para o público. O estudo, intitulado "Análise da Personalidade de Adolf Hitler com Previsões sobre seu Comportamento Futuro e sugestões sobre como Lidar com ele após a Rendição da Alemanha", foi elaborado por Henry Murray, um psicólogo norte-americano que, antes da Segunda Guerra, foi diretor da Clínica Psicológica da Universidade de Harvard e, durante o conflito, serviu no Escritório de Serviços Estratégicos dos Estados Unidos. O Escritório de Serviços Secretos foi um precursor da CIA, e Murray, um dos primeiros a trabalhar nele.

Em busca de prever o comportamento do Führer, em 1943, Murray ficou encarregado de ajudar as forças aliadas a entender a psicologia de Hitler. Murray, que ficou famoso em sua área profissional por desenvolver uma técnica de análise de personalidade, escreveu que o ditador nazista tinha um tipo de personalidade estimulada por insultos contra ele, fossem reais ou imaginados. De acordo com o psicólogo, o Führer guardava rancor e tinha baixíssima tolerância a críticas, além de exigir atenção de maneira excessiva e de ter tendência de diminuir, intimidar e culpar os outros. Pior: não descansava até conseguir se vingar de quem o ofendera – real ou supostamente. Por outro lado, além de grande força de vontade e de autoconfiança, o criador do Nazismo possuía uma persistência incrível diante da derrota. No entanto, Hitler não tinha "as qualidades que contrabalanceariam esses traços (positivos) e lhe confeririam uma personalidade equilibrada", escreveu o pesquisador.

O ditador era um narcisista vingativo, maltratado pelo pai dominante, neurótico com relação às mulheres. Na verdade, sentia-se confortável apenas na presença de dois tipos de mulheres: figuras maternais e crianças. O Führer sofria igualmente de histeria, paranóia, esquizofrenia e apresentava tendências edipianas. Para Murray, o temor que Hitler tinha de se contaminar pelas mulheres veio de traumas de infância.

Baseando-se numa coleção de fontes da época da Guerra, o relatório de Murray retrata o Adolf Hitler como um garoto efeminado, sempre obsequioso com os superiores e com claras tendências homossexuais. Seu senso exagerado de injustiça pessoal quando sofria humilhações é a origem de sua crueldade, a qual, para Murray, levou à política de extermínio em massa.

Dois anos antes do suicídio do ditador, Murray concluiu que "nele há grande compulsão de sacrificar a si e a toda a Alemanha para vingativamente aniquilar toda a cultura ocidental, para morrer arrastando para o abismo junto consigo toda a Europa". O psicólogo especulou que o Führer poderia

> Hitler **era** um **narcisista** vingativo, maltratado pelo pai **dominante** e neurótico com relação às **mulheres. Na verdade**, sentia-se **confortável** apenas na presença de **dois** tipos de **mulheres:** figuras maternais e **crianças**

pedir que um dos seus assessores o executasse ou que iria se retirar para o bunker e se suicidar – o que de fato aconteceu. Em seu relatório, Murray também afirma que o povo alemão era tão culpado pelos horrores da Guerra e pelas execuções em massa quanto seu líder. "Esse semideus satisfazia quase que completamente as necessidades, os desejos e os sentimentos da maioria dos alemães", escreveu.

O EXEMPLO DO PAI

Durante a infância, Hitler era um garoto romântico que nutria uma "profunda admiração e inveja pelo pai, de quem buscava imitar o poder masculino, ao mesmo tempo em que desenvolveu um desprezo pela submissão e fraqueza da mãe", relata o psicólogo. "Dessa forma, tanto o pai como a mãe são ambivalentes para ele: seu pai era odiado e respeitado, enquanto a mãe era adorada e depreciada. As ações extremas de Hitler foram todas feitas no sentido de imitar o pai, não a mãe", sentencia Murray.

O pai do futuro Führer, Alois, era filho bastardo de Maria Anna Schicklgruber. Embora fosse casada com o homem que criou Alois, Anna nunca "deixava passar um rapaz bonito", conforme ela mesma teria dito. Anna nunca revelou o nome do verdadeiro pai do filho ilegítimo. Curiosamente, muitos sugerem que pode ter sido um judeu chamado Frankenberger. Há, porém, outros "suspeitos".

Em 1877, quando tinha 39 anos, Alois mudou seu sobrenome: de Schicklgruber passou a ser Hitler. Embora isso não tenha sido feito de forma legal, seus empregadores aceitaram a mudança. Alois era um homem de muita energia e, como funcionário da alfândega, alcançou o posto máximo que poderia ter conseguido com seu nível de educação.

Aos 47 anos, casou-se pela terceira vez com Klara Pölzl. A mulher, provavelmente sua sobrinha, uma vez que um dos "candidatos" a pai natural de Alois era avô de Klara, tinha 25 anos e ficou grávida antes do casamento. Na verdade, Klara engravidou quando a segunda mulher de Alois, Franzisca Matzelberger, estava em estado terminal. Alois tinha feito o mesmo com relação à primeira mulher, Anna Glassl. Alguns historiadores especulam que, em dado momento, ele se relacionava com as três simultaneamente.

Adolf nasceu em 1889, o terceiro filho que Klara teve com Alois, mas o primeiro a sobreviver. Alois era violento com a mulher e com o filho – especialmente depois que voltava da taverna local. Certa vez, espancou Adolf com tanta brutalidade que temeu ter matado o menino. A mãe, por outro lado, mimava o garoto o mais que podia, a ponto de não conseguir discipliná-lo. Hitler cresceu no seio de uma família desajustada.

A crueldade do menino começou a se manifestar ainda na infância. Adolf, que tinha frequentes acessos de raiva, se divertia matando ratos. Ao que tudo indica, Hitler não tinha boas recordações da infância. Durante a Guerra, Döllersheim, a cidade natal de seu pai e o local onde sua mãe estava enterrada, foi transformada numa área de treinamento militar e destruída por ordens do Führer. Muitos especulam que o ditador agiu dessa forma para encobrir seu passado.

Adolf era mau aluno. Não completou a escola secundária, que corresponderia ao nosso ensino médio. O futuro líder da Alemanha fez apenas três anos letivos e ainda repetiu duas

A MENTE DE HITLER POR ELE MESMO: FRASES

"Nem ameaças ou avisos irão me impedir de seguir meu caminho. Sigo o caminho a mim destinado pela Providência com a certeza instintiva de um sonâmbulo. Meu destino é a paz enraizada nos direitos iguais de todas as nações"

"A ideia da luta é tão velha quanto a própria vida, pois a vida é apenas preservada porque outros seres vivos perecem através da luta. Nessa luta, o mais forte, o mais capaz, vence, enquanto o menos capaz, o fraco, perde. A luta é a mãe de todas as coisas. Não é através do princípio da humanidade que o homem sobrevive ou se torna capaz de se preservar acima do mundo animal, mas apenas por meio da mais feroz luta"

"Acho que sou a pessoa mais musical do mundo"

"Estou pronto a fazer seis juramentos falsos todos os dias"

"O tempo que passei na prisão foi minha universidade às custas do Estado"

"Eu liderei o movimento (nazista) sozinho, e ninguém irá impor condições até eu continuar a deter pessoalmente a responsabilidade"

"As massas são como um animal que obedece apenas seus próprios instintos"

"A docilidade de carneiro do nosso povo corresponde ao seu desejo por inteligência"

"Essas táticas (empregadas por Hitler) são baseadas numa estimativa apurada da fragilidade humana e devem levar ao sucesso com certeza quase matemática"

"Somente as massas fanatizadas podem ser guiadas"

"Uma vez que eu tiver tomado o poder, nunca deixarei que ele seja tirado de mim"

"O Partido Nazista não deve servir as massas, mas dominá-las"

"A solidariedade humana é imposta aos homens pela força e só poder ser mantida pela força"

"Vamos testar a força da lei contra minha baioneta"

"A moral ou é estupidez ou decadência"

"A paz eterna só virá quando o último homem matar o penúltimo"

"Não importa se é certo começar uma guerra; o que importa é a vitória"

"O homem forte sempre está certo"

"Sou o maior ator da Europa"

"O Führer é o juiz supremo da nação... não há posição na área da lei constitucional do Terceiro Reich independente dessa vontade elementar do Führer"

"Somos socialistas, somos inimigos do sistema econômico capitalista por causa da exploração econômica do fraco, dos seus salários injustos, com sua avaliação errada do ser humano de acordo com sua riqueza e propriedade em vez de responsabilidade e desempenho, e estamos todos empenhados em destruir esse sistema de qualquer forma"

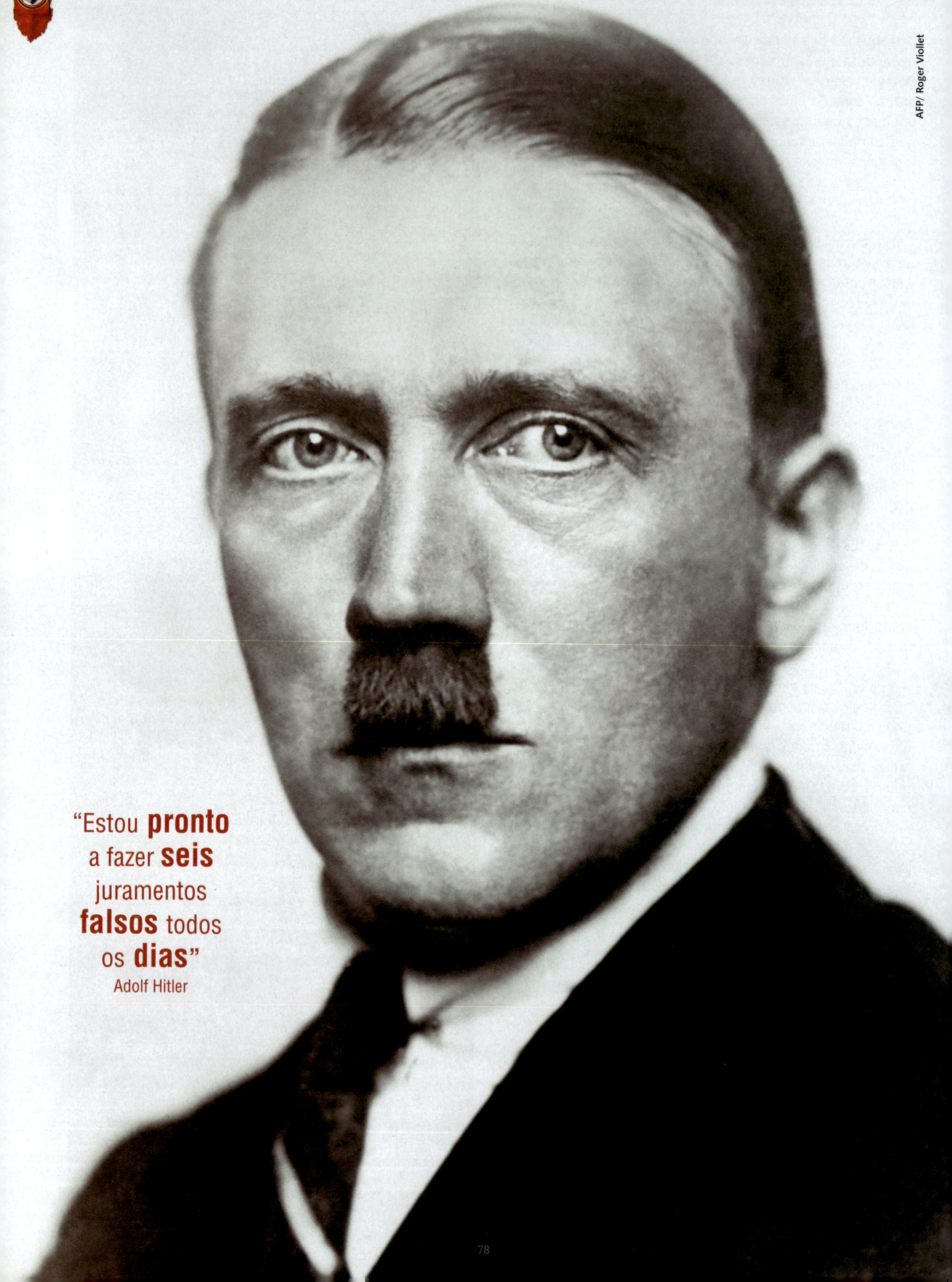

AFP/ Roger Viollet

"Estou **pronto** a fazer **seis** juramentos **falsos** todos os **dias**"
Adolf Hitler

vezes. Em seguida, foi expulso da escola e abandonou os estudos aos 16 anos. Depois da morte do pai, foi para Viena, onde tencionava estudar Belas Artes. Lá, mergulhou no misticismo e na vida cultural. Apreciava especialmente a ópera. Tentou entrar duas vezes na Academia de Artes de Viena, mas, sem se preparar com antecedência, foi reprovado em ambas. Sem educação formal, experiência ou conhecimentos técnicos, sem inclinação para o trabalho e sem dinheiro e contatos, ele decaiu e chegou à beira de mendicância.

Quando a Primeira Guerra Mundial se aproximava, Adolf Hitler foi convocado para servir no exército austríaco, mas fugiu para a Alemanha, indo viver em Berlim. Quando a Guerra estourou, o jovem se alistou no exército alemão como voluntário.

Apesar da falta de estudos e da pobreza em que se viu, o futuro Führer foi um autodidata extremamente inteligente. Contraditório, trazia em si todas as fraquezas dos que foram maltratados quando criança e, ao mesmo tempo, os traços dos pequeno-burgueses criados com mimo e boa educação.

Com relação ao poder, Hitler foi essencialmente um oportunista. Não apresentava uma filosofia política coerente. Seu enfoque era a conquista do poder. Grande orador, tinha uma presença cênica digna dos melhores atores. Manipulador nato, falava aquilo que as multidões queriam ouvir. Deu confiança aos alemães, humilhados depois da Primeira Guerra com os exageros a eles impostos pelo Tratado de Versalhes.

Entre seus traços contraditórios, está o vegetarianismo. É difícil imaginar que alguém que mandou executar mais de seis milhões de judeus e cerca de cinco milhões de civis poloneses não comesse carne. Alguns colocam o vegetarianismo do Führer no reino das lendas e boatos sobre ele. Hitler também adorava animais e crianças – desde que fossem arianas, é claro.

ANTISSEMITISMO

Uma das marcas principais – e mais doentias – de Hitler era o antissemitismo. Em seu livro Explaining Hitler, Ron Rosenbaum enumera as muitas teorias que foram desenvolvidas para explicar os extremos do Führer, principalmente o Holocausto: psicopatia, vítima de abusos, sangue judeu, terríveis dores de cabeça, ausência de um testículo e tantas outras teses, boatos e mitos que procuram explicar o porquê das ações do líder nazista. Rosenbaum detecta duas grandes correntes no discurso sobre Hitler: uma apresenta-o como um ícone do Mal absoluto, a outra acentua os fatores históricos, ideológicos e sociais que teriam moldado e determinado alguém como ele.

Rosenbaum reconhece que nunca se chegará a um consenso sobre o motivo de Hitler ter promovido o Holocausto porque as evidências históricas essenciais se perderam, foram destruídas ou simplesmente nunca existiram. Alguns pesquisadores, como Hugh Trevor-Roper, argumentam que o Führer estava convencido da missão de exterminar os judeus. Outros ainda, como Alan Bullock, sustentam que o ditador era um ótimo ator, um manipulador, que respondia ao antissemitismo latente na Áustria e na Alemanha para obter dividendos políticos. Nesse sentido, ele teria agido apenas como uma parteira que ajudou a nascer o antissemitismo que há muito gestava na sociedade germânica em geral, e alemã, em particular.

Ron Rosenbaum **enumera** as muitas teorias que foram **desenvolvidas** para explicar os **extremos** do Führer, principalmente o Holocausto: psicopatia, **vítima** de abusos, **sangue** judeu, **terríveis** dores de cabeça, **ausência** de um testículo

Além desses dois fatores, que não precisam necessariamente ser isolados, existe uma razão prática para a perseguição. Ao se apropriar dos bens dos judeus que perseguiam, os nazistas financiavam sua máquina de guerra. E não só seus bens eram confiscados. Os cabelos das mulheres eram raspados antes de elas serem executadas e usados para fabricar meias e outros itens de vestuário para os soldados nazistas. Também são famosas as histórias sobre os dentes de ouros arrancados dos cadáveres judeus. Nesse sentido, a Solução Final foi apenas uma desculpa para explorar a riqueza de uma parte da sociedade alemã excluída por motivos religiosos e raciais.

Sejam quais tenham sido seus torpes motivos, hoje, o nome Adolf Hitler desperta tanto curiosidade como desprezo. O líder do Terceiro Reich passou para a história como uma das personalidades mais instigantes e cruéis do nosso tempo.

"ANÁLISE DA PERSONALIDADE DE ADOLF HITLER COM PREVISÕES SOBRE SEU COMPORTAMENTO FUTURO E SUGESTÕES SOBRE COMO LIDAR COM ELE APÓS A RENDIÇÃO DA ALEMANHA" – Trecho do relatório

Embora ele seja apresentado ao público alemão como homem de grande coragem, seus associados mais próximos têm frequentemente motivos para questionar isso. Isso parece ser verdadeiro especialmente com relação aos seus Gauleiters (líderes provinciais). Ele parece temer particularmente essas pessoas e, em lugar de confrontá-los, normalmente procura descobrir de que lado eles estão antes de encontrá-los. Quando a reunião acontece, propõe um plano ou uma ação que irá de encontro aos sentimentos da maioria.

De acordo com Hohenlohe, ele também recuou frente aos generais do exército quando eles protestaram sobre o rápido desenvolvimento da questão de Danzig e que, antes de Munique, ele decidiu adiar a guerra porque descobriu que a multidão que assistia aos soldados marcharem sob as janelas da chancelaria não estava entusiasmada.

Além disso, eles (os alemães) devem se perguntar sobre a necessidade de precauções extremas com relação à sua segurança. Quase todas são ocultadas do povo alemão. Quando Hitler aparece em público, parece ser um homem extremamente corajoso, saudando o povo de pé no banco da frente de seu carro aberto. A multidão não sabe do grande número de seguranças que se misturam ao povo, além dos guardas que se alinham nas ruas por onde ele passa. Nem sabem das detalhadas precauções que são tomadas na Chancelaria.

CRENÇAS QUE CERCAM O DITADOR

Acreditando ser predestinado a realizar uma missão divina e na comprovação da superioridade da raça ariana, o líder nazista trilhou diversos caminhos pelo ocultismo

"O Führer é profundamente religioso, embora completamente anticristão; ele vê o cristianismo como um sintoma de decadência. E com razão, é uma ramificação da raça judia", escreveu sobre Hitler o chefe da propaganda nazista Joseph, Goebbels. De fato, o ditador da Alemanha era tremendamente místico e acreditava ser predestinado. Hitler pensava ter sido incumbido de realizar uma missão divina, conduzindo a Alemanha a ocupar seu verdadeiro lugar na História.

Essa crença acabou gerando um culto, o "Misticismo Nazista", – uma subcorrente do regime nazista, que, além do elemento político, traz instâncias de ocultismo, esoterismo, criptohistória e paranormalidade. Era uma seita difundida no alto escalão do Partido e seguida por nomes importantes, como Rudolf Hess, o segundo homem do Partido Nazista, e Heinrich Himmler, chefe da SS. Tratava-se da justificativa mística necessária para selar o destino do povo ariano e do Terceiro Reich. Por essas e por outras, a figura do Führer aparecia revestida de uma importância religiosa. Hitler era visto praticamente como um semideus pelos adeptos do Misticismo Nazista. A seita seguia, entre outros preceitos, a ariosofia, isto é, a sabedoria oculta dos arianos. A temível SS, composta dos oficiais da elite nazista, funcionava como uma sociedade secreta, com iniciações e transmissão de ensinamentos e símbolos.

O Misticismo Nazista funcionou durante a Guerra e contou com importantes figuras do Nazismo em suas fileiras. Mesmo tendo sido proibido em 1945, rendeu frutos também depois do fim do conflito, ressurgindo com teorias mirabolantes. Uma delas até mesmo coloca Hitler como comandante de uma frota de UFOs tripulada por répteis semi-humanos.

Não só Führer, mas importantes oficiais da elite nazista, como Heinrich Himmler, Rudolf Hess e R. Walther Darré, eram atraídos pelo ocultismo e pela paranormalidade. A crença que o ditador nutria sobre si mesmo – um ser imbuído de uma missão "especial" – se deve a uma experiência mística que tivera durante a Primeira Guerra. O chanceler da Alemanha contava que estava numa trincheira lotada, quando ouviu uma "voz" que o avisou para sair dali. E foi exatamente o que ele fez, momentos antes de o abrigo ser atingido por uma bomba.

TEOZOOLOGIA

Em 1905, Lanz von Liebenfels surgiu com uma ideia no mínimo estranha entre as diversas teorias que grassavam na época para confirmar a superioridade da raça branca. A tese de von Liebenfels, publicada num livro pomposamente intitulado Teozoologia ou a História dos Descendentes dos Macacos-Sodom e os Elétrons dos Deuses, afirma que os povos arianos descendem de divindades estelares que se alimentavam de eletricidade, enquanto as raças "inferiores" resultavam do cruzamento entre macacos e humanos. Para manter a pureza dos arianos, von Liebenfels antecipa Hitler em quase quatro décadas, defendendo a esterilização dos homens de raça "inferior". A ideia foi, como se sabe, adotada pelos nazistas.

SOCIEDADES SECRETAS

Importantes membros da cúpula nazista adotaram e divulgaram ativamente as teses pró-arianas, chegando até mesmo a realizar expedições arqueológicas e experiências científicas para comprová-las. Muitos desses homens participavam de sociedades secretas que vieram a ter um impacto direto sobre o Nazismo e suas ações. Talvez o próprio Hitler fosse membro de alguma delas.

SOCIEDADE VRIL

Há muita névoa em torno da Sociedade Vril. Muitos dizem que a organização sequer existiu. No entanto, diversos historiadores afirmam não só terem demonstrado a existência dela, como sua influência sobre o jovem Hitler, quando ele ainda vagava sem rumo pelas ruas de Viena e de Berlim. De acordo com o historiador Michael Fitzgerald, Adolf Hitler foi membro

A crença que o Führer **nutria** sobre si **mesmo** – um ser imbuído de uma **missão** "especial" – se deve a uma suposta **experiência** mística que tivera durante a **Primeira** Guerra. Ele contava que estava numa **trincheira** lotada, quando ouviu uma **"voz"** que o avisou para sair dali. E foi **exatamente** o que **Hitler** fez, **momentos** antes de o abrigo ser **atingido** por uma **bomba**

AFP

Adolf Hitler faz a saudação nazista durante a cerimônia de abertura dos Jogos Olímpicos de Berlim, em 1º de agosto de 1936

dessa sociedade, fundada pelo general Karl Haushofer, professor e diretor do Instituto de Geopolítica de Munique e estudioso do místico armênio George Gurdjieff. Mais que isso, Fitzgerald sustenta que o papel que a Sociedade Vril representou na concepção das ideias de Hitler sobre o destino da Alemanha e do povo ariano foi fundamental.

SOCIEDADE THULE

A Sociedade Thule contava com diversos dos seus membros no Partido Nazista. Embora Hitler nunca tenha sido membro desse grupo, a Sociedade certamente teve grande ascensão sobre ele. Seu fundador, Rudolf Glauer, também conhecido como "Rudolf Freiherr von Sebottendorf", era, como bem cabe nessa circunstância, um homem misterioso. Voltara à Alemanha em 1915, depois de uma temporada no Oriente, onde aprendera meditação sufista e astrologia, com um passaporte turco. Homem rico, nunca ninguém soube a fonte da sua fortuna. Em 1918, fundou a Sociedade Thule, que teve como membro o dentista Friedrich Krohn (que colaborou com Hitler na escolha da suástica como símbolo do Partido Nazista).

Outro membro da Sociedade Thule que exerceu forte influência sobre o Führer foi Dietrich Eckart. Estudioso do ocultismo, Eckart ensinou técnicas de persuasão a Hitler, muitas delas de natureza mística. É a ele que o líder nazista dedica seu livro, Mein Kampf - um poderoso indício da influência de Eckart sobre o ditador.

dedicou a ações mais macabras do que simplesmente organizar expedições em busca da origem dos arianos em terras distantes. Túmulos descobertos por acaso no sul da Ucrânia revelaram esqueletos de soldados alemães, alguns deles com os crânios trepanados, outros com as colunas vertebrais serradas, outros, ainda, com as frontes cheias de buracos como se estivessem, de acordo com o jornal, "procurando um terceiro olho".

Segundo especialistas, o túmulo coletivo continha vestígios das atividades da Sociedade Ahnenerbe, como experiências feitas pelos médicos nazistas com membros da raça ariana para tentar produzir uma nova raça de super-homens. Essas atividades macabras aumentaram durante a Guerra, especialmente por conta do material humano disponível nos campos de concentração, principalmente Dachau e Auschwitz, onde o médico Josef Mengele impunha seu reino de terror. Em Dachau, Wolfram Sievers criou o infame Instituto de Medicina Aeronáutica. O instituto sob direção de Sievers realizou experiências de uma crueldade difícil de se imaginar. Para se determinar a tolerância de um ser humano com relação à altitude, matava-se prisioneiros de diferentes pesos e alturas, submetendo-os a lentas e constantes quedas de temperatura e os colocando em câmaras de descompressão. Siever também se especializou em técnicas de reanimação dos infelizes que tinham sobrevivido ao congelamento nas suas experiências. Normalmente, ele tinha sucesso com banhos quentes, mas a pedido de Himmler, o

Segundo Serrano, Hitler não **morreu** após a Segunda **Guerra**, mas foi para **Shambala**, um lugar **paradisíaco** da mitologia **tibetana.** Lá, o **ditador** está em **permanente** contato com os **deuses** hiperbóreos – um povo obscuro **mencionado** na **mitologia** grega e **identificado** por alguns como os **celtas**

AHNENERBE

A Sociedade Ahnenerbe ("herança ancestral") era um braço da SS – um verdadeiro "Arquivo X" nazista – dedicado a realizar pesquisas que comprovassem a superioridade ariana. Também aqui a ideia do oculto e misterioso estava contida. Fundada em 1933 por Friedrich Gilscher, a Sociedade promoveu expedições para encontrar a Atlântida, a Lança do Destino e o Santo Graal. Uma dessas expedições, liderada por Ernst Schäfer, foi enviada ao Tibete em busca das origens da raça ariana; outra foi enviada ao Andes com a mesma finalidade.

A procura do Santo Graal e da Lança do Destino visavam a amealhar poder sobrenatural para o Terceiro Reich, tornando os alemães invencíveis. Essas expedições declinaram com o início da Guerra, mas a Ahnenerbe estava longe de diminuir suas ações.

Um artigo publicado em 2002 no jornal russo Pravda (disponível em inglês em http://english.pravda.ru/main/2002/09/12/36496.html) sustenta que a Ahnenerbe foi o serviço mais secreto do Terceiro Reich e que a Sociedade se

poderoso diretor da Sociedade Ahnenerbe, ele testou outras técnicas. Uma delas consistia em fazer a cobaia humana, à beira da morte por conta de ter sido submetida ao frio intenso, ser abraçada por duas prisioneiras nuas, na tentativa de se evitar o congelamento.

Outro objetivo da Sociedade era descobrir uma droga psicotrópica que permitisse aos nazistas controlar a mente humana. Ao que parece, a ideia é boa em termos militares.

HITLERISMO ESOTÉRICO

Mas se as teorias que se amalgamaram para formar o Misticismo Nazista – baseado na superioridade da raça ariana "extraterrestre" sobre as demais – puderam encontrar respaldo para crescer e aparecer numa Alemanha derrotada e humilhada, nada justificaria a continuidade dessas ideias depois da Segunda Guerra. De fato, não só o uso dos símbolos nazistas, mas sua ideologia e as teorias que a sustentavam foram proibidas na Alemanha já em 1945. Mas, por incrível que possa parecer, elas ressurgiram depois com as novas roupagens do que veio a se chamar "Hitlerismo Esotérico".

A primeira grande expoente do Hitlerismo Esotérico depois da Guerra foi a indiana Savitri Devi. Em seu livro Hitlerian Esotericism and the Tradition (Hitlerismo Esotérico e a Tradição), ela faz uma ponte entre a ideologia ariana de Hitler e a dos indianos que lutavam pela sua independência. A suástica seria o símbolo de união entre os hindus (cuja sociedade foi, de fato, fundada pelos arianos) e os alemães. Para Devi, Hitler era um avatar, isto é, uma encarnação, do deus Vishnu que buscava levar o povo ariano – o que incluía os hindus – de volta à glória do passado.

Mas se as ideias de Devi soam um tanto exageradas, elas foram superadas de longe pelas do diplomata chileno Miguel Serrano, outra figura proeminente do Hitlerismo Esotérico. Em seus livros The Golden Ribbon--Esoteric Hitlerism e Adolf Hitler, the Last Avatar (A Faixa Dourada – Hitlerismo Esotérico e Adolf Hitler, o Último Avatar), ele desenvolve as ideias de Devi e as leva a outro patamar. Segundo Serrano, Hitler não morreu após a Segunda Guerra, mas foi para Shambala, um lugar paradisíaco da mitologia tibetana. Shambala, que já foi localizada no Pólo Norte e no Tibete, seria, hoje, um centro subterrâneo na Antártica, que conta, inclusive, com uma cidade de cerca de dois milhões de habitantes, Nova Berlim. Lá, Hitler está em permanente contato com os deuses hiperbóreos – um povo obscuro mencionado na mitologia grega e identificado por alguns como os celtas. Não bastasse isso, Serrano afirma que Hitler reaparecerá algum dia comandando uma frota de discos voadores e conduzirá as forças da luz, isto é, os hiperbóreos, contra as forças da escuridão – comandadas, como não poderia deixar de ser, pelos judeus. A vitória de Hitler determinará a fundação do Quarto Reich e um período de prosperidade para todos os arianos.

Da esquerda para a direita: Josef Kramer (comandante do campo de concentração Bergen-Belsen), Josef Mengele, Richard Baer (comandante de Auschwitz I) e Karl Hoecker (assistente de Baer), em 1944

AFP

Ilustração: Michael Bráz

A atriz Renate Müller, que descreveu uma relação SM que teria tido com o ditador

AS MULHERES HITLER

Recheada de histórias curiosas, perversidades e boatos, a sexualidade do inventor do Nazismo é terreno de especulações

Muito se tem especulado sobre a orientação sexual do austríaco Adolf Hitler, sem, porém, nada se provar. Por conta de ter trucidado judeus, poloneses, soviéticos e certas minorias, como ciganos e testemunhas de Jeová, muitos analistas afirmam que Hitler era um sádico, isto é, obtinha prazer sexual ao provocar sofrimento nos outros. No relatório Uma Análise Psicológica de Adolf Hitler, produzido ainda durante a Guerra, em 1943, por um time de psicólogos do Escritório de Serviços Estratégicos, os autores afirmam categoricamente que o líder nazista era sádico. O documento descreve que Adolf sentia prazer ao urinar ou evacuar no rosto de homens ajoelhados diante dele. Outros pesquisadores afirmam que o desejo sexual de Hitler pode ser definido como sádico-voyeurista, com relação às mulheres socialmente inferiores, e maso-

AFP/ Roger Viollet

Eva Braun em retrato de seu álbum particular

> Nem mesmo Eva Braun (1912 – 1945), com quem o líder do Terceiro Reich se casou às vésperas do seu suicídio, compartilhou com o amante a intimidade que Geli conquistou do tio

quista com as mulheres por quem nutria admiração.

O testemunho da atriz Renate Müller (1906 – 1937) respalda essa definição. Segundo Renate (que acabou assassinada), uma noite, após jantar com o Führer na Chancelaria, ele começou a descrever em detalhes os métodos de tortura da Gestapo. Em seguida, ambos se despiram, Hitler deitou-se no chão e implorou que ela o chutasse. Renate recusou, mas ele continuou pedindo, dizendo que era seu escravo e que não merecia estar na mesma sala que ela. Renate não resistiu mais e se pôs a espancá-lo e a chutá-lo, o que teria deixado o chanceler alemão incrivelmente excitado. Quando o jogo acabou, o ditador beijou a mão de Renate, agradeceu-a pela "agradável noite", soou a campainha e pediu que um criado acompanhasse a atriz até a saída.

Ilustração: Michael Bráz

Geli Raubal em reprodução de um esboço assinado pelo próprio Hitler

O documento **descreve** que **Adolf** sentia **prazer** ao urinar ou **evacuar** no rosto de homens **ajoelhados** diante dele. Outros **pesquisadores** afirmam que o **desejo** sexual de Hitler pode ser **definido** como **sádico-voyeurista**, com **relação** às mulheres socialmente **inferiores**, e **masoquista** com as **mulheres** por quem nutria admiração

A relação que o líder nazista viveu com a filha de sua meia-irmã – sua sobrinha Ângela, ou "Geli", Raubal (1908 – 1931) –, embora envolta na névoa do segredo tão bem guardado pelo Führer, também comprova as perversões atribuídas a ele. Hitler nunca se sentia à vontade na companhia de mulheres. Geli foi a única exceção em sua vida. Nem mesmo Eva Braun (1912 – 1945), com quem o líder do Terceiro Reich se casou nas vésperas do seu suicídio, compartilhou com o amante a intimidade que Geli conquistou do tio. De acordo com especulações, com ela, o Führer satisfazia todo o espectro do seu desejo. O misógino nazista, para quem as mulheres deveriam ser "como um bichinho de pôr no colo, macias, doces e estúpidas", acabou por transformar a sobrinha num mero objeto de seu prazer.

Hitler convidou-a a vir morar com ele em Munique, onde Geli estudaria medicina. Mas tão logo a desavisada sobrinha se mudou para o apartamento do tio, ele a escravizou. Ameaçada pelo abandono – o que implicava uma vida de pobreza não só para ela, mas para a mãe e a irmã –, Geli submeteu-se aos mais grotescos gostos sado-masoquistas do tio. Conforme ela contou a um oficial da AS, a ala paramilitar do Partido Nazista, que teria sido seu amante, Hitler se ajoelhava diante dela e, depois de examinar minuciosamente a genitália da sobrinha, a obrigava a urinar em seu rosto.

Em 1931, quando Adolf iniciava seu relacionamento com Eva Braun, Geli foi encontrada morta no apartamento de Hitler, com um tiro da pistola do tio. Ao lado do corpo, uma carta inacabada. Muitos duvidam de que tenha sido suicídio. Ciente da sua ascensão política, o líder nazista – que deveria ser um exemplo em termos de comportamento – não podia arriscar um escândalo.

EVA BRAUN

Depois do aparente suicídio da sobrinha, Adolf Hitler começou a se relacionar com Eva Braun, modelo fotográfica de Heinrich Hoffmann, o fotógrafo oficial do Partido Nazista. Eva era 23 anos mais jovem que o Führer. Em seus diários, ela reclama da constante desatenção do amante. Frustrada, tentou se suicidar duas vezes. Na primeira, em 1932, quando tinha apenas 20 anos, deu um tiro no pescoço. Três anos depois, Eva tentou se matar com uma overdose de pílulas para dormir. Se não conseguiu dar cabo da própria vida, ao menos passou a receber mais atenção do Führer. Mesmo assim, isso não veio na forma de calor humano, mas de bens e dinheiro. Hitler deu a ela uma grande casa em Wasserburgerstrasse, um subúrbio de Munique. O dinheiro que recebia do amante garantia a ela luxos como ter uma Mercedes e um motorista a seu dispor. Alguns historiadores especulam que a atenção do Führer depois da tentativa de suicídio de Eva e das mortes de Geli e de Renate tinha, simplesmente, a intenção de evitar mais escândalos.

Apesar da aparente proximidade, Eva nunca podia ficar na presença do amante quando outros dignitários do Terceiro Reich estavam com ele. Além de só terem se casado às vésperas do suicídio de ambos, Hitler e Eva nunca apareciam juntos em público. Ao que parece, o Führer temia perder popularidade entre as alemãs. Na verdade, o povo alemão só ficou sabendo do relacionamento dos dois depois da Guerra. De acordo com Albert Speer, ministro de armamentos do Reich, o casal nunca dormia no mesmo quarto. "Hitler considerava Eva Braun socialmente aceitável apenas dentro de limites rígidos", escreveu Speer em suas memórias. "Às vezes, eu fazia companhia a ela em seu exílio, um quarto ao lado do dele. Eva se sentia tão intimidada por Hitler que não se atrevia a sair da casa para dar um simples passeio. Por simpatia à sua situação nada invejável, logo comecei a gostar dessa mulher infeliz, a que era tão ligada ao Führer", confessou Speer.

AFP/ Roger Viollet

Adolf Hitler e
Benito Mussolini
em Munique
(1940)

mum é que seu sonho de se tornar artista foi frustrado por israelitas. Quando o futuro Führer tentou ingressar na escola de Belas Artes de Viena, foi reprovado nas duas tentativas. Quem o teria rejeitado foram examinadores judeus. Enfurecido, Adolf incendiou o mundo e, de quebra ,atirou os judeus na fogueira da guerra. A verdade é outra. O antissemitismo entre os alemães e austríacos era avassalador no final do século 19 e início do 20. Junte-se isso ao fato de a força política de Hitler derivar da demagogia e o mito está criado. De fato, o líder nazista falava apenas o que as multidões queriam ouvir. Além disso, o dinheiro confiscado dos judeus ajudou a bancar os milhares de marcos necessários para financiar o esforço de guerra. Os judeus sempre foram bodes expiatórios em toda a Europa, e a opinião internacional não se chocaria tanto assim se fossem perseguidos – como não se chocou antes da guerra. Quando os nazistas começaram a persegui-los, ainda nos anos 1930, o governo suíço, por exemplo, determinou que os passaportes dos israelitas fossem marcados com a letra "J", para impedi-los de entrar em seu país. Foi só depois que o impensável Holocausto foi revelado que o mundo passou a ver os judeus de forma diferente.

AFP/ Roger Violiet

Selo do Terceiro Reich

A **xenofobia** de Adolf também **gerou** histórias curiosas, **algumas** até mesmo **divertidas**. É o caso da **invenção** da Fanta, a popular **soda** de laranja. Essa **lenda** urbana dá **conta** de que, **odiando** tudo que não **fosse** de origem ariana, o Führer **proibiu** a **importação** e a **venda** de Coca-Cola na Alemanha

XENOFOBIA

A xenofobia de Hitler também gerou histórias curiosas, algumas até mesmo divertidas. É o caso da invenção da Fanta, a popular soda de laranja. Essa lenda urbana dá conta de que, odiando tudo que não fosse de origem ariana, o Führer proibiu a importação e a venda de Coca-Cola na Alemanha. Afinal, o refrigerante era um símbolo dos Estados Unidos, e o Terceiro Reich combatia o capitalismo com unhas e dentes. Temendo que os alemães ficassem descontentes com a proibição, o ditador ordenou que seu ministro da propaganda, Joseph Göebbels, contratasse uma equipe de especialistas e criasse uma bebida para substituir a Coca. O novo refri recebeu o nome de Fanta e era anunciado com o slogan "é uma coisa do Reich". Foram feitos filmes promocionais da Fanta, nos quais judeus estereotipados eram exibidos bebendo Coca e os arianos, Fanta. Depois da Guerra, reza a lenda, a Coca comprou a marca.

FILHOS?

A tese de que Hitler deixou descendentes acabou gerando o bestseller Meninos do Brasil, do escritor norte-americano Ira Levin. Em seu livro, Levin explora dois ícones do imaginário da Segunda Guerra: Hitler e Josef Mengele, o médico conhecido como "Anjo da Morte", por conta das bizarras e cruéis experiências com os prisioneiros de Aushwitz. Dessa vez, Mengele, que fugiu para a América do Sul – como de fato aconteceu, apesar de Levin e o mundo ignorarem isso na época em que o livro foi escrito – tentava reproduzir clones do Führer. Para se tornarem psicologicamente idênticos ao seu originador, os clones tinham de ter uma vida familiar igual à do ditador. O mundo testemunharia, então, não apenas um Hitler, mas vários.

A figura mítica de Adolf Hitler até mesmo deu origem a uma nova seita mística, o Misticismo Nazista. O diplomata chileno Miguel Serrano desenvolveu ideias imensamente criativas – para um filme de ficção científica. Infelizmente, porém, Serrano adota um tom sério em seus muitos livros. Neles, o chileno mistura elementos que vão da mitologia tibetana à ufologia. Serrano propõe que o líder do Terceiro Reich teria sobrevivido à Guerra e se refugiado numa cidade subterrânea na Antártica, sugestivamente chamada de "Nova Berlim". Lá, o ditador manteria contato com os deuses hiperbóreos – um povo obscuro mencionado na miologia grega e identificado por alguns como os celtas. Não bastasse isso, Serrano afirma que Hitler reaparecerá algum dia comandando uma frota de discos voadores e conduzirá as forças da luz, isto é, os hiperbóreos, contra as forças da escuridão, comandadas pelos judeus. A vitória do Führer determinará a fundação do Quarto Reich e um período de prosperidade para todos os arianos.

Rumores, lendas e boatos à parte, uma aura de mistério parece sempre circundar Adolf Hitler. E o mistério atrai a curiosidade humana como um imã. Conforme colocou certa vez o semanário alemão Die Zeit, "o enigma de Hitler está além da compreensão humana". E, quando não se consegue explicar alguma coisa, inventamos uma explicação. Por conta disso, o cruel ditador da alemanha nunca deixará de ser um mito.

HÁ RESPONSABILIDADE DO BRASIL PERANTE O HOLOCAUSTO?

As relações do Brasil com o nazismo teriam ido muito além de mera identificação de Vargas com Hitler ou de simpatia e admiração pelo progresso alemão na década de 1930

Com uma "política de bastidores", nos dizeres da historiadora Maria Luiza Tucci Carneiro, o governo brasileiro adotou uma postura antissemita, antes e depois da guerra, além de receber nazistas refugiados após seu fim. Na entrevista a seguir, a pesquisadora e professora da USP, que há anos desenvolve pesquisa sobre o período Vargas no Arquivo do Estado de São Paulo, fala sobre as relações Brasil-Alemanha e expõe as descobertas que encontrou nessa documentação.

Grandes Líderes da História - Em meados da década de 1930, temos Hitler na Alemanha e Vargas no Brasil, dois ditadores. Como se deu a relação entre os dois países?

Maria Luiza Tucci Carneiro - Naquele momento, o Brasil estava identificado com a postura ideológica da Alemanha nazista e Vargas estava admirado com o progresso conquistado pela Alemanha. Houve uma identificação do próprio Vargas com a figura do Hitler enquanto estadista. Ao mesmo tempo, o governo não pôde, pela pressão que sofria dos EUA e da Liga das Nações, pronunciar-se publicamente a favor da Alemanha nazista. Então, ele manteve uma política de bastidores.

GLH - Isso mesmo antes da Guerra?

MLTC - Sim. Em 1935, temos um telegrama de Oswaldo Aranha, então embaixador brasileiro nos EUA, para Vargas em que ele o alertava para que contivesse, nos discursos públicos, expressões de admiração pela Alemanha nazista, pois não estavam sendo bem vistas nos EUA. A postura de Vargas chegou a ser criticada nos jornais americanos sob alegação de que estaria pendendo para o lado alemão e não para a democracia. Nos bastidores, o Brasil negociava com a Alemanha, tomava uma postura antissemita, impedia a entrada de judeus, editava circulares secretas, fechava as portas para os judeus, mas tudo isso secretamente. Publicamente, nas reuniões da Liga das Nações, ele se posicionava como um país que queria ajudar os judeus e que era contrário aos nazistas.

GLH - Essa postura ambígua e de fachada não ficava clara publicamente?

MLTC - A ideia que passava era que o Brasil estava acompanhando toda a mobilização da Grã-Bretanha e da França em prol dos judeus refugiados perseguidos. Internamente, a imagem que ele passava era a de um Vargas simpatizante da Alemanha e da Itália, mas que via nesses modelos apenas um paradigma para alcançar uma imagem de modernidade. Só que essa postura causou grande número de mortes entre os judeus, pessoas que não conseguiram vir e acabaram nos campos de concentração. Sabemos disso através de familiares erradicados aqui que não conseguiram trazer seus pais, tios, e que souberam depois que eles acabaram em campos de extermínio. Essa é uma responsabilidade que o Brasil deve responder perante as próprias vítimas do Holocausto; o País tem essa responsabilidade. Outra responsabilidade é pelo fato dele ter recebido nazistas perseguidos como criminosos de guerra depois de 1945.

GLH - O Brasil, então, acobertou e recebeu alemães depois do final da guerra?

MLTC - No Arquivo Histórico do Itamaraty, há documentos importantíssimos para estudar a entrada de espiões e representantes do III Reich no Brasil nos anos de 1930 e 1940. Filhos de alemães ou mesmo alemães radicados no Brasil que foram lutar na Segunda Guerra Mundial ao lado do exército alemão abriram mão da ideologia nazista, retornaram ao Brasil a partir de 1946 e ficaram escondidos aqui.

GLH - Eles foram lutar pelo nazismo e, depois, voltaram ilesos para o Brasil?

MLTC - Alguns foram lutar e ingressaram no exército alemão, outros prestavam serviço dentro da estrutura burocrática do III Reich. Na hora em que estourou a guerra, eles foram para a Alemanha e levaram os filhos, que eram brasileiros. Ia a família inteira. Quando acabou a guerra, com o perigo de serem rotulados como criminosos de guerra, pediram o retorno ao Brasil através da Missão Militar Brasileira, em Berlim e em Hamburgo,

GLH - Dos brasileiros que foram para lá, há como saber o número aproximado de pessoas que voltaram?

MLTC - Hoje não temos um número exato, mas existe material suficiente para saber, pois temos as fichas oferecidas pelos serviços secretos americano e inglês, com detalhes sobre quem eram essas pessoas e com fotografias da família. Há também as listas dos navios que vieram entre 1946 e 1947, todos subsidiados pelo governo brasileiro.

GLH - Como e quando aconteceu a imigração de judeus ao Brasil?

MLTC - Judeus vindos para o Brasil há desde a ascensão de Hitler, em 1933, e as primeiras perseguições antissemitas na Alemanha. Com as Leis de Nuremberg, em 1935, quando o antissemitismo foi se transformando em política de Estado, viu-se incursões violentas contra os judeus – prisões, envio deles já para os primeiros campos de concentração. A partir daí, percebe-se que o fluxo de judeus em direção, não apenas ao Brasil, mas à América, foi cada vez maior. Com o avanço nazista ao leste – ocupação da Tchecoslováquia e Polônia – há como consequência um fluxo imigratório de judeus em direção a oeste. O principal ponto de atração eram os Estados Unidos, pois uma grande população judaica estava concentrada em Nova York. Como havia um problema de cotas de nacionalidade, adotada pelos Estados Unidos já desde a década de 1920, eles teriam que ficar aguardando três ou quatro anos. Por isso, procuraram outros países, como Argentina e Brasil.

GLH - Como lidaram com isso, já que Vargas e Hitler tinham um regime similar, principalmente a partir de 1937 com a instalação do Estado Novo?

MLTC - Justamente a partir de 1937 o Brasil, nos bastidores, assumiu uma política antissemita, fechou as portas aos judeus e manteve relações confidenciais com a Alemanha. O filho de Vargas foi estudar na Alemanha e se casou com uma alemã. Houve vários acordos comerciais com aquele país, ao mesmo tempo em que foram assinados tratados comerciais também com os EUA. Isso ocorreu de 1935 a 1939, e nesse tempo, policiais do DEOPS, a polícia política, foram treinados pela Gestapo na Alemanha, assim como tinham policiais sendo treinados nos EUA. Percebe-se uma postura dúbia de Vargas perante a opinião pública, mas até o Brasil entrar na guerra era uma postura de simpatia pela Alemanha nazista.

GLH - Voltando aos judeus, como o Brasil recebia a imigração judaica?

MLTC - Ao contrário do que fez com os alemães, o governo brasileiro não deu abrigo nem apoio aos refugiados judeus. Quem dava suporte a eles era a própria comunidade. Quando chegavam, eram recebidos no porto pelas associações judaicas, principalmente no Rio de Janeiro, no Recife e em São Paulo. Em São Paulo, tiveram o suporte oferecido pela CIP (Congregação Israelita Paulista), onde havia toda uma estrutura pra receber essas famílias. A CIP colocava o pessoal

Divulgação/ Discovery Networks

em pensões, oferecia creche para as crianças, arrumava trabalho, acertava a documentação, recebia essas pessoas de novo na comunidade e, a partir daí, elas recomeçavam. O governo brasileiro, em nenhum momento, deu apoio. Ao contrário, aumentou a repressão e o controle nos portos. Quando se percebia que um navio trazia refugiados judeus, a ordem era de que a polícia conferisse a documentação pra ver exatamente como é que esses judeus estavam entrando e com que tipo de visto. Muitos deles vinham com documentos falsos ou, então, como católicos. Assim, muitos foram proibidos de desembarcar. Passavam pelo Brasil e a ordem era para que voltassem ao lugar de onde tinham vindo. Há casos de navios que chegaram e os judeus foram impedidos de desembarcar. Aí, eles iam para a Argentina, que também não os aceitava, e dali para outros países. Alguns chegavam até Cuba. Houve casos horríveis acontecidos entre 1944 e 1945. Num deles, o Brasil levou meses para responder positivamente à aceitação de 500 crianças órfãs judias que estavam em perigo na França ocupada. Quando houve a resposta, Hitler já havia se suicidado e a guerra, acabado.

GLH - Mas o Brasil votou a favor de um estado judeu na Palestina em 1948. Isso não mostra uma postura positiva?

MLTC - A presença do Brasil na assembleia da ONU que ia resolver a partilha da Palestina não ocorreu porque o Brasil era favorável aos judeus. Aconteceu simplesmente porque havia uma postura brasileira de seguir o voto dos EUA e interessava para esses países que se resolvesse por um lar judaico. Com isso, a imigração, até então direcionada para esses países, estaria voltada para outro lugar. A partilha da Palestina atendeu explicitamente aos governos antissemitas porque se viram com a questão judaica resolvida. Quando saíram meus trabalhos a esse respeito, foi uma reação muito grande da própria comunidade judaica, que venerava Oswaldo Aranha e se chocou ao saber que ele era um ministro que sustentava a circular secreta contra os judeus.

Retrato não datado
de Adolf Hitler

COMPREENDER E JULGAR

Impossível olhar Hitler e não ver nele aquilo que mais se aproxima do Mal em termos humanos. Jamais vai-se esquecer da agressão à humanidade que ele promoveu

Por Lucas Pires

"Compreender a era nazista na história alemã e enquadrá-la em seu contexto histórico não é perdoar o genocídio. De toda forma, não é provável que uma pessoa que tenha vivido este século extraordinário se abstenha de julgar. O difícil é compreender". Essas palavras de Eric Hobsbawm servem para todos aqueles que estudam ou buscam saber mais sobre quem foi Adolf Hitler e o que representou o nazismo para o mundo.

Julgar e compreender, dois verbos, duas ações que, em se tratando de Hitler, estão dissociadas. Todos julgamos, mas nem todos compreendemos. Para quem não viveu o horror do nazismo, talvez os relatos não passem de palavras em livros. Para outros, são marcas sinalizadas na própria carne.

Nada foi mais monstruoso do que o regime nazista. E Hitler e seus comparsas cansaram de avisar que poriam em prática tudo o que de fato fizeram bem antes de iniciada a guerra. Pelo menos desde 1926, quando foi publicado o livro "Minha Luta", o mundo tinha conhecimento do que Hitler pensava dos judeus, da raça ariana e do que pretendia empreender para recuperar a grandeza da nação e do império alemães, perdida na Primeira Guerra. Mesmo assim, Hitler chegou ao poder.

Charles Chaplin, em 1940, filmou "O Grande Ditador", uma paródia de Hitler em que colocou, com seu típico humor, as características de um regime autoritário baseado na crença de uma raça superior. Mas seu filme não foi capaz de prever o desfecho trágico que se veria em seguida. Enquanto na ficção de Chaplin o final é um discurso emocionado em que a fraternidade está acima de qualquer raça ou credo, na vida real Hitler escolheu o caminho inverso. E os resultados foram uma guerra em escala global e uma carnificina como nunca vista antes. Definitivamente, Chaplin não previu Hitler.

Assim, em termos morais, como explicar um regime baseado na violência e no terror, na perseguição a minorias étnicas, na invasão de países soberanos em nome de uma raça dita superior, sem que nenhuma nação se opusesse energicamente contra? Talvez a pergunta que deva ser formulada e que deve pautar os estudos sobre os nacionalismos atualmente seja outra: como foi possível a existência de um Hitler? A explicação para esse mal é um dos enigmas mais contundentes do século 20. Talvez nunca cheguemos a uma conclusão, mas o importante é que o fato deve permanecer. Pesquisar e conjecturar sobre os motivos que levaram Adolf Hitler a odiar os judeus a ponto de exterminá-los não pode ser mais importante do que as mais de 60 milhões de vidas que se dissiparam com a guerra. Se a lição de Hobsbawm é compreender, não para perdoar, mas sim para julgar, relembrar tal julgamento torna-se tarefa obrigatória para evitar que novo mal aconteça. Ainda mais em tempos como os atuais, quando se vê movimentos neonazistas e outros que negam a existência do Holocausto. A História é o maior professor que podemos ter, mas a memória enfraquece com o tempo. Daí a essencialidade de seu estudo.

Passados 60 anos do fim da guerra, é possível encontrar subsídios para saber quem foi Adolf Hitler? Um idealista, um assassino, um líder carismático, um artista frustado, um psicopata sexual? Com certeza, ele foi tudo isso, e muito mais. E é exatamente esse "muito mais" que se perdeu. Dentro da ótica da moral e da ética cristãs, da distinção clara entre Bem e Mal, não há como entender o genocídio. Hitler foi a encarnação do Mal, como muitos outros também o foram, mas não há antecedentes de alguém que espalhou a morte em escala industrial como ele.

Goebbels, o ministro da Propaganda do III Reich e pessoa mais próxima a Hitler durante todo o tempo, disse a um auxiliar seu certa vez: "Trabalho com ele há muitos anos, vejo-o quase todos os dias e, todavia, há momentos em que ele me escapa completamente. Quem se pode gabar de o ter visto tal e qual como ele é? No mundo da fatalidade absoluta em que ele se move, nada mais possui sentido, nem o bem, nem o mal, nem o tempo, e aquilo a que os homens chamam de sucesso não pode servir-lhe de critério. Tomais-me por um doido, mas escutai o que vos digo: é provável que Hitler termine numa catástrofe. (...) Hitler tem inimigos no mundo que pressentem a sua personalidade, mas duvido que ele tenha um só amigo que o saiba, à parte eu. E, apesar disso, o que ele é, em última instância, ignoro-o. É ele realmente um homem? Não o posso jurar. Existem momentos em que ele me faz tremer".

Se nem Goebbels compreendia Hitler, como podemos compreendê-lo? A nós, resta a tarefa de conhecer e julgar. E, no caso de Hitler, julgar é condenar.

Para quem **não viveu** o horror do **nazismo**, talvez os **relatos** não **passem** de **palavras** em livros. Para outros, são **marcas** sinalizadas na **própria carne**

LINHA DO TEMPO

1939

• 1ª de setembro: Hitler invade a Polônia; dois dias depois, a França e a Grã-Bretanha declaram guerra à Alemanha.

1940

• A "guerra relâmpago" alemã, a Blitzkrieg, derrota a Noruega, a Dinamarca, a Bélgica, a Holanda e a França.
• Churchill se torna o primeiro-ministro da Grã-Bretanha.
• Forças expedicionárias britânicas batem em retirada perante os invasores alemães, evacuando em Dunkirk.

1941

• Hitler dá início à Operação Barbarossa, a invasão da Rússia soviética.
• A Blitz continua sobre as maiores cidades britânicas, bombardeando-as impiedosamente.
• Os aliados tomam Tobruk ao norte da África, e resistem aos ataques alemães.
• O Japão bombardeia Pearl Harbor, e os Estados Unidos entram na guerra.

1942

• A Alemanha sofre derrotas significativas em Stalingrado e em El Alamein.
• Os japoneses tomam Cingapura em fevereiro e fazem cerca de 25 mil prisioneiros britânicos.
• Em junho, os norte-americanos vencem a Batalha Naval de Midway, mudando o rumo da guerra no Pacífico.
• Judeus e outras minorias começam a ser exterminados em Auschwitz.

Fotos: Still Picture Branch (NNSP) do National Archives and Records Administration (NARA)

1943

- A Alemanha é derrotada em Stalingrado.
- A vitória dos aliados no norte da África possibilita a invasão da Itália.
- A Itália se rende, mas a Alemanha assume sua posição.

1944

- No início do ano, os aliados entram em Anzio (Itália), e, com ajuda da Força Expedicionária Brasileira (FEB), tomam Monte Castelo, no início de 1945.
- A ofensiva soviética assume posições alemãs na Europa Oriental.
- Dia D (6 de junho de 1944); os aliados libertam a França.
- Os americanos tomam Iwo Jima, em território japonês.

1945

- Auschwitz é libertada por tropas soviéticas.
- Hitler se suicida, os soviéticos chegam a Berlim e a Alemanha se rende no dia 7 de maio.
- Depois que bombas atômicas são lançadas sobre Hiroshima e Nagasaki, o Japão se rende em 14 de agosto. Fim do conflito.

Fotos: Still Picture Branch (NNSP) do National Archives and Records Administration (NARA)